中野信子
兼近大樹

笑いのある世界に生まれたということ

講談社+α新書

はじめに　笑い――人間にとって笑いとは何なのか

中野信子

この本は、脳科学からお笑いを分析する、という**本ではありません。**

そうだと思って手にとったのに、という人はちょっと驚いたかもしれませんね。どんな本なのか、それは、最後までにわかるように書こうと思います。それから、兼近大樹さんをこの本における「相方」に選んだことにも理由があります。この理由についても、兼近さんについての分析も含めて、もう少し後まで読み進めればわかるように書くことにしましょう。

中野は、本を読んでくださる方に対してはできるだけ正直にものを発信したいと思っています。テレビでは（ネットに載るものならなおさら）あまり言ったり書いたりしないようにしていることでも、本ならば割とはっきり書くことがあります。

それは、受け取り手として想定される層の知的トレーニングの水準がかなり明確に異なるからなのですが……、リテラシーというべきもの、もっと言えば、誰かの揚げ足をとる快楽に溺れ切っていて、誰かの考えを理解しようとするというやや知的体力の必要な営為に慣れていない人は、お金を出してまでほかの人の意見を受け止めたいと望むことはほとんどありませんので、そこでセレクションバイアスがかかるわけです。

要するに私は、本を自分のお金を出して買おうという人の知性と品位を信じているということでもあります。そして、その分のお礼の気持ちも込めて、本当の考えをなるべくお伝えすべきだな、と思っているのです。

それはそれとして、正直な中野の考えというのはこうです。

「『脳科学でお笑いを分析してみました』という本は、お笑い芸人さんと一緒に仕事をされている構成作家さんなどのうちのやる気のある方が、豊富な事例と近現代のお笑い史を踏まえてまとめれば、中野が書くよりもずっと現場に即した読みやすいものができるはずで、中野は監修くらいはしてもよいけれど、すべてを網羅的にまとめるのはどう考えても中野の仕事ではない」

こう考えるのには大きく分けてふたつの理由があります。

まず私は、お笑いに関しては、ただ一ファンとしてそれを楽しむ立場の者です。もちろんお笑いを自分でやったことがあるわけでもなく、ましてや人を笑わせるセンスがあるわけでもない。自分のようなものが、お笑いを大上段に構えて誰かに解くなどというのは畏れ多いことです。

ですから、まずは現場で活躍されている人の感覚を最優先にし、それを敬意をもって受け止めたい。これがひとつ目の理由。

また、ただお笑いを分析し、還元主義（要素ごとに分解して、それを吟味することで本質に近づこうとするやり方のことです）的に、上から目線で「お笑いとはこうでございい」と、あたかもこれが教科書やバイブルででもあるかのように説明する、という本に仕立ててしまった場合、お笑いにあるべき無限の「おもしろさ」のバリエーションが、科学のお作法に則った堅苦しい分析のために潰(つい)えてしまうのではないかというリスクを感じる、というのがふたつ目の理由です。

お笑いとは芸人さんが10人いれば10人それぞれのスタイルがあり、受け取るほうも10人いれば10人がまったく違う好みを持っているものです。また、地域や国でもその歴史や社会状況に応じて「ウケるもの」はそれぞれに異なり、人間や文化に優劣をつけるべきでないのと同じように、それに優劣をつけられるようなものではありません（もし優劣があると考えるなら、峻別するその行為自体が差別主義とシームレスにつながっていくものと、とられても仕方がない側面があるでしょう）。

十把一絡げに、外れ値を取り除きながら統計的に有意な現象だけを抽出して、あるいはそのときに最も売れているものだけを代表値として乱暴に扱うということをしてしまえば、論文は書けるかもしれませんし、それなりの本にはまとまるかもしれませんが、中身はどこかズレた、つまらないものになってしまうのではないかと危惧します。

派手ではないけれども奥の深い笑いや、今まで見たこともないようなやり方で表現される新しいおもしろみ、意味はわからないけれどもなんだか楽しい、といった複雑で精妙で多様なお笑いの世界の、豊かな可能性に支えられた本質的な何かが、漂白されてどこかへ消え去ってしまうような気がするのです。

舞台で、ラジオで、テレビで、イベントで、動画で、SNSで、いくつものモダリティで私たちはお笑いを楽しみますが、そのひとつひとつのありようを、私は否定したくないと思っています。中野が興味を持っているのは、シンプルに、人間が笑うという現象そのものだからです。

おそらく、みなさんも、素朴な疑問として感じることが、これまでにあったのではないでしょうか。

なぜ人間だけが、お金や時間や手間ひまをかけて、「笑い」を求めるのか。

私たちはなぜ「笑い」が好きなのか。

「笑い」とは私たちにとっていったい何なのか。

ベルグソン（1859～1941年）という哲学者の有名な著作に、笑いについて書かれたものがあります。とうぜん参照すべき名著ではありますけれども、彼は21世紀に入って急速に発展した脳科学が明らかにしてきた種々の研究結果を知るはずもありません。私たちは、彼の頃より科学が進んだ時代にあって、もう少し、笑いというものが私たちの生きる営みの中にどういった機能を果たしているのかを解像度よく見られるところにいるのです。

もちろん、中野は自然科学の考え方をベースにしているわけですから、還元主義的な分析をしている部分も無きにしも非ずかとは思います。そういう前提はありはするのですが、科学（自然科学）の視点から見たときに、この笑いというのはいったい何なのかという根源的な問いを、もういちど洗いなおしてみたい、というのが本書の大きな目的になっています。

素朴な疑問として、笑いって何なんだろう、と一度は思ったことがある人でも、それをあらためてじっくり考えてみる機会というのは、実は意外と持つことができないものではなかったでしょうか。

私たちの日常生活はあまりに情報過多で、ひとつの問題についてじっくり考えるための時間をとることはさまざまなディストラクターの存在により難しく、俯瞰的に考えることのできる余裕や知的体力のある人というのはごく一部の人々に限られていて、しかも自分は知的であると信じている人ですらどこかの有名人をこき下ろすことで自尊心を満たすことが知的営為だとはき違えてしまっているような、それを指摘されると逆切れして手に負えなくなるといったような、何ともしみったれた貧相な社会になってしまっているところがあるように思います。

でも、私たちはそれでも、生きていて、これからも、与えられた生の分だけは生きていくべきものであると信じられています。そのときに、笑いがない世界で生きていくことを、想像できるでしょうか。笑いがない世界では、私たちは生き延びていくことさえ難しくなるはずです。もっと言えば、笑いを持たなかった私たちの近縁の祖先たちは、それがゆえに、複雑な社会性に見合うだけの融和の手段を保持することができなくなり、絶滅に至ったのかもしれない、という可能性を提示することだってできるのです。

さて、やや難しく書いてしまいましたが。

兼近さんのおもしろいところは、玄人的なお笑いのセオリーや型を、本人自身は踏襲する意図を持ちつつも、異ジャンルの要素を大胆に取り込み、その領域に自ら切り込んでいくことさえするという、新奇探索傾向の突出した高さにあるでしょう。ときには、自分を書き換えることも恐れない。単に「飽きっぽい」というのでは説明のつかない領域展開（とくに特定の漫画を意識しているわけではない）の多彩さに、期待は裏切られることなく予測が裏切られる、という楽しさがその醍醐味ではないでしょうか。

たくさんの兼近さんのファンの方が、本書を手にとってくださることを念頭に、まだまだあとにも兼近さんについてのあれこれを書いていきます。これからも、お笑いをはじめとしたさまざまな領域で、どんな活躍を見せてくれるのか、ますます楽しみですよね。

同時に、笑いを楽しむ唯一の生物種としての人類について、その来し方と行く末を考えるときに、兼近さんのありようが、大きなヒントになるような気がしています。

それでは、どうぞ続きのページをお楽しみください。

笑いのある世界に生まれたということ／目次

第2章　僭越ながら――中野と兼近の芸人論

第1節　芸人に学べ

第4章 おもしろい人になりたい

プレトーク

私たちはそら豆がとてもお城

I REALLY LOVE
KAOO

僕の家庭教師をやってください

中野信子　これから兼近大樹さんと「お笑い」について、いろいろ考察をしていこうと思います。

兼近大樹　なぜ相手が兼近なんだ？　この本を手にとったみなさんは、ひとり残らず不思議がっていますよ。確かに僕は芸人として「お笑い」を生業としていますが、およそその世界の第一人者であるはずもないし、それに僕ぐらいスキャンダルになった芸人はいません。そんな人間が脳科学の先生と何を語るというのか。

中野　そこがおもしろいところなんです。お笑い代表というならそれこそ大御所といわれるようなレジェンド級の方々や、第一線で活躍されているベテランの先輩方もたくさんいます。それぞれに素晴らしくて、誰かおひとりを選ぶというのも難しい。けれども、兼近さんというのは、原体験として「笑い」で蘇生した来歴を持っている稀有な人です。それについては、本書のほかの部分でも触れていこうと思っていますが、まず本題に入る前に、われわれの関係性を説明しておきましょうか。

兼近　中野先生とその生徒の兼近です。

中野　実はそうなんですね。微力ながら目下、中野は受験生兼近君のサポートをしています。ツアーなどがあるので日程の都合がつかず、全科目の受験はしていませんが、今年（2023年）から受け始めているんですよね。国語と現代社会については、もともと素養がそれなりにあったので心配していませんでしたが、数学が合格点だったのは本当にうれしかったね。

EXITのおふたり、すなわち、「りんたろー。」（以下、りんたろー）さんと兼近君と初めてお会いしたのは、『ホンマでっか!?TV』（フジテレビ系列）でした。スタジオでは、兼近君は最初の頃は諸先輩を前にして、やや遠慮がちに見えることもあった。余計なお世話かなとも思ったけれど、せっかく華のある人だからもう少し見せ場があってもいいんじゃないかなと、ちょっと気楽になってくれたらいいなという気持ちで「本を読むのが好きなんですってね」と私から話しかけたんです。すると脇から現れたりんたろーさんに、「お気遣いいただいて、ありがとうございます」とお礼を言われました。

兼近　りんたろーさんは、僕が女性としゃべっていると必ずカットインしてきますからね。あのとき、本を読むのが好きだけど漢字を覚えながら読んでいるんだという話をしましたが、その前に僕が誰かに似ているとおっしゃったんですよ。

中野　そうそう。そのピンクの髪がX JAPANのhideっぽいねと言いましたね。

兼近　だから「歌ってみた」（自分の歌声をSNSなどで動画配信する）でロックを歌って

くれ、hideさんをやれと、かなり押してこられて。

中野　ははは、すみませんね、hideのファンだったのでつい……。ファッションセンスも抜群で本当にかっこよかったんですよ。EXITは歌もやるし音楽方面に打って出てもいますからいつかロックもどうですか、なんていう話もしたりしましたね。そうやってお話ししていく中で、兼近君が定時制高校に行って勉強し直したいと考えていると知ったんです。

兼近　北海道札幌北高校の夜間定時制を入学後わずか3日で辞めているので。

中野　当時、勉強するには環境的に厳しいものがあったんですよね。

兼近　経済的に困窮した家でしたから、高校の学費は自分で払ったんです。夜明け前に起きて新聞配達をしてから建設現場のアルバイトに行き、夕方5時まで働いて学校に行く。睡眠は2～3時間しかとれなくて、肉体的にも精神的にも3日で限界が訪れたというわけです。そもそも子どもの頃から勉強が嫌いで、好きだったのは体育だけでした。ほかの授業は、早く終わらないかなと、教室の時計の針ばかり見ていました。

だからどれぐらいの知識レベルかというと、番組の企画で小学3年生と学力を争ったところ完敗。別の番組では小1で習う算数を間違えたこともあります。勉強してこなかったからなあ……と後悔したり、オレにないものはあとは学歴だけだ、とほざいたりしていたら、中野先生が「やればできるよ」と熱血教師のベタな台詞みたいなことを言ってくださって。

中野　でも、この多忙を極める人が今、定時制高校に4年間も毎日通うのは物理的にちょっと難しいだろうなと思った。出席が足りずに卒業できなかったということになったら、学校や勉強に対して苦手意識というか、嫌な記憶がつくられてしまうんじゃないだろうかと気になりました。だから、高卒認定（高等学校卒業程度認定試験）をとるほうがいいのではないかと提案したんですよね。高卒認定は16歳以上であれば誰でも受験することができて、科目ごとに一度認定されればずっと有効なので、1科目ずつ取得していくこともできます。そうやって8科目（選択科目によっては10科目）取得できれば合格。もちろん、大学受験資格も得られるんです（註1）。

若い頃から芸能活動やスポーツをしていたために高校に通う時間がなく、後に高卒認定をとられたという方が何人もいらっしゃいます。女優の真矢ミキさんは宝塚花組のトップスターでしたが、真矢さんが在籍されていた頃の宝塚音楽学校には高卒の資格を取得できるコースがなかった。そこで退団後18年ほど経ってから高卒認定の勉強に取り組み、合格を果たしています。今は、留学もしてみたい、いろんな社会、世界を見てみたいという気持ちをお話しされていますね。

兼近　僕の場合は小学生にも劣る学力だと証明されちゃっていますから、高卒認定なんて無理に決まっていると思ったんですが、それでも中野先生が「絶対できるよ。できないわけがない」と背中を押してくださるので、「そうまでおっしゃるなら、じゃあ、僕の家庭教師をやってくださいよ」とお願いしました。だから中野先生とその生徒なわけです。

（註1）2024年度から高卒認定は国語、数学、英語に加えて地理、歴史、公共が必修科目となり、理科は①「科学と人間生活」と物理基礎、化学基礎、生物基礎、地学基礎のうちの2科目、もしくは②物理基礎、化学基礎、生物基礎、地学基礎のうち3科目を選択する。

私たちはそら豆がとてもお城

中野　試しに、図形問題を出してみました。

兼近　僕の脳波を測っている最中に。

中野　そうでしたね。脳からはいろいろな周波数の電気信号、すなわち脳波が出ているんですが、これを帯域別に5つに色分けし、作品として可視化されるようにしたんです。これは、私はアートの作品として開発したんですが、脳波のどの帯域が優位なのかによって、その人の今の気分がある程度の確度で推測できるんですよね。リラックスしているとか、緊張しているとか、とても人に気を遣っているとか。

兼近　中野先生は岸田（文雄）首相にもヘッドギアを装着させて測定していましたよね。首相は官邸で測定していたので、それだけでおもしろかったです。僕の場合はたまたま入ったレストランで衆人環視のもと、測定しました。やたらとオレンジ色の線が現れていました。

中野　オレンジ色は最も高周波の帯域です。あまり出てこない脳波なんですけど、楽しい気分や前向きでワクワクしているときに出るようですね。ああ、この人は、ホントは頭を使うことが嫌いじゃないんだな、考えることが好きで、楽しいんだな、と思いましたね。

兼近　モニターを見ながら先生の解説を聞いて、学校の勉強とは違うかもしれないけれど、教えていただくことは楽しかったです。

中野　そんなときに図形の問題を出したわけですが、この図のどこかに線を引くと、一見難しそうな問題でもすんなり解けるんだよ、とヒントを出したところ、ほとんどの人ができないのに、兼近君はいきなり正しく補助線を引いてみせた。おお、これは数学のセンスがあるなと驚いたんですよ。

兼近　補助線なんてワードも知らず、なんとなくこういうことかなと線を引いてみた。それを褒められたものだから、よし、高卒認定を受けるぞと本気モードにスイッチが入りました。『高卒認定ワークブック』という人生初のテキストも購入して、中野先生にはまず、英語から教えていただいたんですが、先生は早速、中卒の無限の可能性を感じていらっしゃったようで。

中野　だって、自分のコンビ名「ＥＸＩＴ」のスペルを間違えていたものね。これは伸びしろが大きいぞと。

兼近　おかげさまで、EXITはもう間違えません。アルファベットもAからZまで書けるようになりました。大文字、小文字もいけます（笑）。

中野　（笑）勉強している途中の経過をユーチューブにしようというので、今もこの動画は見られますけれども、3つほど英文を訳してもらったんです（註2）。これはhaveの使い方がまだわからなかったときで、ものすごい「超訳」が出てきたのにはいまだに吹き出してしまいます。まず、"I had got homework to do today."（私は今日やるべき宿題があったんだ）を訳してもらったんだよね。兼近君は「gotは神だな。ヘッドゴット……てっぺんの神？」とブツブツ言いながら、「私は家仕事は全知全能です」と訳した。でもこうやって自分なりに間違えながらやるというのも大事だから。

それから"We have been very successful so far."（私たちはこれまでのところ非常に成功しています）の訳もよかったね。読者のみなさんにはぜひ動画のほうも見てみてほしいと思いますが、beenは豆、successful はキャッスルかな、farは毛皮か？　とかつぶやきながら、訳としては結局、「私たちはそら豆がとてもお城」という残念な日本語になりました。

と思いきや、3問目に出した"I have just finished my breakfast."（私は朝食を終えたところです）は、「私はちょうどいい時間に朝食を食べ終わりました」とほぼ正解の訳をしたんですよね。びっくりしたなあ。できるじゃんと思って。単語さえ正しく覚えれば、構文はできているから英語はどんどん身につくと思ったんですよ。

兼近　高校に行った人たちはすごいなあ。be動詞とか、have＋過去分詞とか、みんなこういうムズい勉強をやってきたのだと思うと、尊敬しかないです。

（註２）受験勉強の様子はYouTube『かねちーといっしょ』の番組内の「高卒認定への道」で公開している。　https://www.youtube.com/@with_kanechi0511

中卒と東大卒の共通点

中野　塾の先生の指導も受けて、宿題もきちんとやって、２００日勉強したところで高卒認定の模擬試験に挑戦。高卒認定は、国語、数学、英語が必修。地理歴史、公民、理科はそれぞれいくつか選択科目があって、５〜７科目を選択しなくてはなりません（23ページの註１参照）。それぞれ１００点満点で45点が合格確実とされるラインです。

兼近　人生初の模試ですから、マークシートの塗りつぶし方から教えてもらいました。科目は試験本番と同じ順序で受けて、結果はまず、「現代社会」が45点。すげ〜、合格ラインを突破したと驚いていたら、「国語」が60点。60点なんて高得点をとるのも人生初です。でも、「英語」が24点、「数学」が30点でした。まあ、整数って何？　xとかyとかカッコから出せとか意味わかんない、ちんぷんかんぷんの数学でよく30点とれたなと思いますが。

模試ってみて（兼近は模試を受けることを〝模試る〟と言う）わかったのは、マークシートならどこか適当に塗っておけばまぐれ当たりするんじゃないかと思っていたんですが、それは甘いということ。やたら6番ばかり塗ったけど大丈夫かなあと思っていたら、すべて正解だった。これはマークシートあるあるだそうで、適当に散らして塗ってもなかなか当たらないようにできているんですよね。

3ヵ月後には残りの4教科を模試って、「科学と人間生活」（2012年度より高校の理科に導入された科目）が45点。「地理」はなんと65点、「生物」は50点。「科学と人間生活」については、僕も生まれてからずっと人間の生活をしてきたわけだし、地理や生物も日常の経験から答えられる問題があったんです。ただし、「世界史」は31点で、人生経験が役立たなかったですね。問題には次々に知らない人ばかり登場してきたし。

中野　世界史は勉強する範囲が広いので大変ですよね。だから私たち理系志望の学生には、入試では地理を選択するのが定石、という受験セオリーのようなものがあったんです。

兼近　そんな、東大の入試と一緒にしないでください。

中野　いやいや、決められた時間内に効率的なアウトプットが求められるという意味では一緒ですよ。とにかく、超多忙のなか頑張りましたよね。まだまだこれからのところはありますが、英語も、今では歌手のAｉｍｅｒ（エメ）さんをアイマーと英語読みするほど、読めるようになってきました。

兼近　あいみょんのことかなと思ったんですけど、Ａｉｍｅｒってフランス語だったんですね。こうやって自分がいろいろなことを覚えていくことに、嫌な気持ちはしないですね。子どもの頃から勉強はやらない、宿題は絶対にやらないと決めつけていたけれど、こうしてやってみると、勉強は嫌いじゃないなと思えるようになりました。

中野　私も宿題はやらなかったですよ。授業でやったことをもう1回やるのはばかばかしいと思ったから。

兼近　だから東大に入った人のエピソードと一緒にしないでくださいって。

中野　できなかったことを少しずつでもできるようにする、という意味では一緒だよ（笑）。勉強が身につくというのは、ゲームでレベルアップしていくような感じで、おもしろいですよね。

兼近　はい。都庁まで高卒認定の願書をとりに行った日、受付の先生（兼近は高卒認定にかかわる仕事をしている人を〝先生〟と呼ぶ）から「頑張ってください」と激励をいただいたので、そうとう頑張らないと。

選んだ答えを正解にする

中野　芸人の先輩のみなさんがよく、「兼近は地アタマがいい」とおっしゃっているのを見ます。中野も兼近君を見ていて、一緒に勉強してみて、飲み込みが速く、非常に応用力があることがよくわかりました。何より、かなり真面目な人だということもよくわかりました。

兼近　「チャラい」を売りにしているので、それはヤバいかもしれないですね。そもそも「地アタマ」ってよく言いますけど、何なのかよくわかっていません。

中野　地アタマのいい人は、一度聞けば理解するから、たとえば学校で同じことをくり返し教わるのが辛いという難しさがあるんです。飽きちゃうというかね。だから、じっと聞いていられない。

兼近　小学生の頃、算数で同じような問題をくり返し出すのは何なんだろうと思っていました。

中野　それは、地アタマがいいということです。

兼近　そう言われると戸惑ってしまうんですよ。ずっとアタマが悪いと言われ続けてきたので。

中野　本書では、「地アタマ」についてもお笑いと脳科学の視点から考えてみましょう。

私は大学で脳科学の基礎についての講義をしているのですが、学生さんからしばしば、「失敗したら終わりなので、どうすれば正解を選べるのか知りたいです」という質問を受けます。でも、失敗しても人生が終わるわけではないんだよね。この質問に対する私の回答は、「選んだ答えを正解にする」です。兼近君はそれができる人なんじゃないかな。これを、「笑い」という不思議な力を使ってやってきた人だということも、多くのファンは知っていて、支持していると思いますよ。

兼近　少なくとも「失敗したら終わり」ではないというか、終わりにしてはいけないですよ。僕はむかし失敗しているから何をするにもマイナスからのスタートだったし、その〝むかしの失敗〟に足を引っ張られてまたマイナスに引き戻されるということを何度も経験しましたが、そのたびにまたマイナスからスタートすればいいと思ってやってきました。ただ、若い人たちの生きづらさはよくわかっていますし、僕自身ももがいてきたので、僕の話が少しでもお役に立てればうれしいです。

中野　これは本当に素晴らしいことだよね。笑いがどれほど力強いものであるか、多くの人に知ってもらいたいです。中野も学びたいのでぜひ、ここからは兼近先生と生徒・中野でいきましょう。

兼近　それは勘弁してください（汗）。

地アタマって何？ Part1

中野信子

びっくりされるかもしれませんが、小学生の頃、中野は作文が苦手でした。えっ、ＩＱ高いんじゃないの？　しかも何冊も本を出しておいて、嘘だろ……と思った人、きっといるのではないかと思います。

いい機会ですから書いておくことにしましょう。苦手なものはほかにもたくさんあります。

今でも漢字を書くときにはよく間違えます。なので手書きのお手紙を書くことにかなり抵抗があります。必ずどこかに間違いがあるだろうと思うと恥ずかしくて……。

それから、パズルはそこそこ好きだけれど得意というほどでもない。暗算も平均よりは多少ましかもしれないけれど、超速とはとても言えないレベルです。そろばんやっていた人のほうが速いんじゃないかな。ギャンブルも得意ではないです。勝負事は嫌いではないのだけれど、胴元がどう考えても得をする構造だということがわかっていると、なんか熱くなれず。

一方で、学校のお勉強で苦労することはあまりなく、楽しくもあったし、受験もなんとか一発で乗り切ることができました。大学入試では、昼休みに見ていた過去の模試の問題がほぼそのままのかたちで午後のテストで出題されるなど、運も味方しましたから、いろいろな有形無形の助けに恵まれての結果であったとは思いますけれども。

作文については、文章を書くのがなんとかやれるかもしれないなと思えるようになってきたのは、20代半ばに入ってからです。もっと詳しく言うと、直観像素質が失われてからのことでした。

直観像素質というのは、直観像記憶を持つ人のことです。直観像記憶というのは、一度目で見たものをそのまま覚えておく、いわば写真のような記憶のことです。映像記憶と呼ばれることもあります。子ども時代にはかなりの割合でこの能力を持っている人がいるといわれ、10人に1人だとか4人に1人だとかいろいろな説がありますが、中野にもこれがありました（でも、もうすっかり大人になったのでこの能力は消えています。今試しても、ぱっとしない反応しか返せません）。

まだこの能力のあったときには、「何月何日に」「どの場所で」「誰と」これを見た、というような情報タグがついていないのがやや不便ではあるのですが、教科書を丸ごと写真に撮って頭の中に格納しておけるようなもので、テストのときも頭の中を見れば答えが書いてありますから、お勉強はとてもらくちんだったのです。ちょっとずるいと思う人もいるかもしれませんね……なんだかすみません。他の人にはこれができないということを随分大きくなってから知って、そのときはとても驚いたものでした。後に、この能力が失われたことを実感したときには、視力を失うというのはこういうことかと感じるようなショックがありました。生きていくうえでの問題解決のアプローチ、思考の形態そのものを変えなければならないわけですから。どうしよう、と割と深刻に思ったことを覚えています。実際には、代わりに得られた能力もあったので、思ったほどは困ることもなかったのですが。

ただ、とても便利な能力だとはいえ、直観像記憶のダメなところもあります。そのひとつが、漢字を覚えるときにぶつかる問題でした。中野の直観像記憶は解像度があまり高くなく、漢字を見て覚えても、その細かいところまで拡大していくと、そこは潰れてしまっていて読めないのです。頭の中に映像があっても、拡大するとその部分が見えないので、正確に再現できない。

たとえば、誕生日の「誕」という字。この右側を「『延』だっけ、『廷』だっけ……」と迷ってしまうということがしばしばありました。正確な字を上書きしてきちんと覚えなおせばいいのですが、漢字というのは、なんとなれば筆を速くすることでごまかすことができてしまうんですよね。この技が効いてしまったために、きちんと字を学びなおすという作業を長いこと面倒がってやらなかったのです。

この、面倒くさいことをやりたがらないという性質についてもまた後ほど、解説しましょう。

そのほかにも、「拝」という字の横棒を三本にしてしまったり、「冒」の下は「日」だっけ「目」だっけ……など、枚挙にいとまがありません。解像度の低い直観像素質保持者が漢字の国に生まれてしまったかなしみ。

さて、直観像素質が失われると、とても残念な気持ちになったのと裏腹に、得られた能力もありました。言語の運用と、物事を抽象化して取り扱う能力です。

なぜ直観像素質が失われるのかについてはふたつの仮説があります。が、ふたつとも正しいのではないかと中野は考えています。前者は神経学者のハドモンが提唱している仮説で、発達段階における言語の習得によって、直観像記憶が破壊される（言語による上書きが起こり、呼び出しが不可能になる）ことが消失の原因であるというもの。後者は、抽象的な思考が可能になると、直観像に付随する余計な（重要でない）記憶を保持する理由がなくなるため、これを捨ててしまうという考え方です。

ちなみに、チンパンジーのほうが、人間よりも直観像記憶の能力にすぐれていることがわかっています。子どもの頃の中野は、平均よりも類人猿に近い存在だったということになるのかな。

閑話休題、中野から直観像素質が失われた時期は、20代半ば頃でした。この時期から、言語の運用能力がそれなりに高くなっていった感覚が自分でもありますから、中野の例で考えるのなら、やはり直観像素質と言語能力とはトレードオフなのではないかと思っています。抽象化の能力が上がるのにはもう少し時が必要でしたけれども、さらに直観像記憶ができなくなっていっていましたから、プロセスとしては二段階あるのかもしれません。

では、兼近さんはどうでしょう。

中野が初めて会ったときには、漢字を読むのもなかなか大変そうだったので、直観像素質はお持ちではなさそうです。が、そんなことを言っている割には、あっという間に小説を書き上げ、本書でも「おわりに」を書いてくれています。音声言語能力に至っては極めて能力が高いといってよいレベルでしょう。それを生業として一線級の活躍ができる。兼近さんの能力は、もともと言語寄りなのです。学校ではこれを評価することが実は難しいところがあるのですが、高卒認定試験の模擬試験を受けてみると、やっぱり国語の成績がいいんですよね。

ここまでの内容をちょっとおさらいしてみましょう。中野は成績こそよかったけれど、それはただ頭の中にあるものを見てアウトプットしていただけだから、誰にも見つからないカンニングをやり続けていたようなもので、これを本当に頭がいいと言っていいのかどうかには疑義が呈されるのではないかと密かに思っています。当時から、ほかの人にはできないんだということを知ってからは特に、なんだか後ろめたい気持ちも感じていました。

それに、覚えておけばいいだけのテストがよくできる能力なんて、もうすっかり時代遅れになってしまいそうな気配です。現実の人生はテストと違って、スマートフォンでもよくできる助っ人でも生成ＡＩでも、何でも持ち込みＯＫですからね！

一方、兼近さんの持っている能力は、言語の運用能力。なかでも、口頭でなされる会話に直接かかわってくる、音声言語の運用能力です。

もっと噛み砕いていえば、テストには持ち込み不可の、これらのお助け勢力を自分の味方にできる力なのです。なんとうらやましいことでしょう。テストなんてできなくても、人生を生きていくための、知恵とスキルがある。そういうところを見て、多くの人は「兼近は地アタマがいい」と評するのではないでしょうか。

さあ、みなさんならどちらが欲しいでしょう。

中野は、どっちかを選べと言われたら、もう圧倒的に兼近さんの能力が欲しいですね！

兼近さんはもともと言語の運用能力は高いうえに、ここに事物を抽象化する能力が年齢とともに身についていくと考えれば、今後、文筆の仕事もさらに発展していくのではないかなあ。

本人は謙遜しますが、けっこう努力家の一面もありますしね。

……「チャラ男」というキャラ付けなのにこんなことを書いて、営業妨害にならないといいのですが。けっこう真面目だというのはもうみんな知っているからいいか？

第1章

人間はお金を払ってでも笑いたい

生き延びるために笑いたい

中野　兼近君が英語を勉強中なので、「Ｈａｐｐｙ Ｐｉｌｌｓ」の話から始めましょう。ｐｉｌｌとは薬のことです。

兼近　Ｈａｐｐｙ Ｐｉｌｌｓ――幸せの薬の複数形。

中野　そう。では幸せの薬とはいったい何なのか。

　この春（２０２３年4月15日～5月14日）、「ＫＹＯＴＯＧＲＡＰＨＩＥ 京都国際写真祭 ２０２３」のメインプログラムのひとつに、「Ｈａｐｐｙ Ｐｉｌｌｓ」と銘打った展示がありました。オランダ系カナダ人の写真家パオロ・ウッズとスイスのジャーナリストのアルノー・ロベールが、現代人がいかに薬を使っているか、5年をかけてアフリカのニジェールや南米のペルー、アメリカ、イスラエル、日本ほか世界各地を調べて回った、その成果が展示されたものです。

　成果はフランス語で書籍にもまとめられていて、その写真集『ＨＡＰＰＹ ＰＩＬＬＳ』が手元にあります。ハイチでは青年たちが錠剤を詰め込んだバケツを頭に載せて売り歩いています。切り売りできるように、バケツにはハサミが刺さっているんですね（43ページの写真）。

でもこの青年たちは、どの薬がどういう機序で何に効くのか、薬剤師のような専門知識があるわけではありません。

兼近　いろいろな錠剤が色鮮やかに、うずたかく積まれているけれど、何の薬かわからずに売っているんですか。

中野　とりあえずこの薬を飲むと頭痛が治まる、この薬は気持ちが楽になったりするということぐらいはわかっている。これは咳の薬だということは知っていても、もしかしたら、人によってはイブプロフェンとアスピリンの違いもわからないかもしれない。まあ、日本でだって、売る側の薬剤師さんならともかく、ドラッグストアで市販薬を購入する人のうちの何パーセントがその違いをきちんと説明できるのかといえば、やや心許ないような気もしますが……。それでも彼らは、この仕事を選んだのは、「いつも人々が『治りたがっている』からだ」とインタビューに答えています。つまり、切実な需要があるから、それに応えているというんですね。誰だって、苦しい状態で生きていきたくはない。

写真集『HAPPY PILLS』では、現代人がいかに薬に頼った生活をしているかを示す統計データをいくつも、特に糾弾するという調子ではなく淡々と紹介しています。たとえば、世界中で毎日1錠以上薬を飲む人の割合が示されています。2005年には世界の人口の25パーセント。2020年では50パーセント。同じページには、世界人口の25パーセン

パオロ・ウッズ＆
アルノー・ロベール
『Happy Pills』より

トはお金がなくて薬にアクセスできない、ということも記されています。すると、潜在的には、薬を求めている人は50パーセントどころではないということにもなります。

兼近　世界の50パーセント以上の人が毎日薬を求めているって、ものすごく多いですね。

中野　多く感じますよね。なかでも印象的だったのが、展示には採用されていたものの、本には載っていない、この表です。国連の「持続可能な開発ソリューション・ネットワーク」が発表した「世界幸福度ランキング」の上位のランキングと「抗うつ剤の最多消費国」のランキングの相関をとっているんですが、これが気味が悪くなるほど一致しているんです。最も幸せな国にランク入りしている国のうち、抗うつ剤の最多消費国のランキングに入っていないのはスイスとオランダだけです。

兼近　スイスは安楽死が認められている国ですよね。

中野　そうそう、さすがによくご存じですね。ＥＸＩＴは社会問題や国際情勢に詳しい。

兼近　漫才のネタにしますから。

中野　そして、展示や書籍の中で明示されていたわけではありませんが、オランダは、限定的ではあるものの大麻を購入できる店があることがよく知られています。

兼近　なるほど、大麻があれば、ある程度は抗うつ剤は不要ということなのか。

中野　と、推測することもできる。本当はどういう理由なのかはもっと考える余地がありま

表　幸せな国と抗うつ剤消費との相関

最も幸せな国ランキング		抗うつ剤の最多消費国	
1	フィンランド	1	アイスランド
2	デンマーク	2	スウェーデン
3	スイス	3	デンマーク
4	アイスランド	4	ニュージーランド
5	オランダ	5	フィンランド
6	ノルウェー	6	ノルウェー
7	スウェーデン	7	ルクセンブルク
8	ルクセンブルク		
9	ニュージーランド		

KYOTOGRAPHIE
京都国際写真祭 2023
「Happy Pills（幸せの薬）」より

すよ。とはいえ、見ている側からすれば、安楽死できる国と大麻が入手できる国では、ランキング上位国ほど抗うつ剤を使用しなくても、幸福度高くいられるんだ、と読み取ることもできてしまう。

　人々が幸せに暮らしている国では、同時に抗うつ剤が大量に消費されている。単純な、たったこれだけのデータなんだけれど、その意味するものを考えるとき、ぞっとするような気持ちになります。

「Ｈａｐｐｙ Ｐｉｌｌｓ」は、生きていくことはけっこう大変なことなんだというシンプルな事実を突きつけてくる。私たちの平均寿命は１００年前と比べて倍以上に延びましたね。けれど、２倍生きれば２倍幸福なのか？　そうではないですよね。これは、私たちの幸福な生は薬に支えられて成立している、という身も蓋もない現実を、隠し立てせずにそのまま見せる展示であり、写真集として作られているんです。

「笑い」はHappy Pills

中野　じゃあ、そういう薬を外から打ったり服用したりしなきゃ、人間の苦しみは消すことができないのか、というとそうでもない。ちゃんと福音はあるんですよ。

人間の脳の中にはベータエンドルフィンという内在性の脳内ホルモンがあるんだけど、これは、幸福感をもたらすのと同時に、モルヒネの数倍強いといわれる鎮静作用を持っていて、痛みを軽くしてくれる。兼近君は『24時間テレビ』(日本テレビ系列)のチャリティーマラソンで100キロを走ったけど、ベータエンドルフィンはランナーズハイのときに出てくる物質としても知られているよね。

この分泌を促す仕組みのひとつに、「笑い」があるんです。むかしからみんな知っていたんですね。笑うと幸せを感じられ、痛みが軽くなり、気持ちが楽になるっていうことを。何が分泌されているなんて知らなくても、経験的にね。だから人々は木戸銭を払って寄席に行ってもいたんでしょうし、現代の私たちもチケットを購入してお笑いの舞台を観にいくし、EXITのライブにも行きますしね(笑)。有料でもお笑いの動画配信を観たり。

　人間はお金を払ってでも笑いたいんですよ。それは、直視してしまったら過酷きわまりない現実を、なんとか生き延びるための「Ｈａｐｐｙ　Ｐｉｌｌｓ」なのかもしれない。人間はある種の薬として「笑い」を求めているようなところがあるんです。

兼近　僕は笑っていただくことが仕事なのに、笑いが何に効くか、わかっていないです。僕も効能がよくわからない錠剤をあっちこっちに切り売りしているだけですね。

中野　作用機序はわかっていなくても、ちゃんと効くことはよく知っているでしょう。もちろん、副作用もないし。笑いは痛みを緩和するだけでなく、感染症にかかりにくくする可能性についても取り上げられています。笑いの好みが多様なのもあって、人によって効き目にはばらつきがあるし、なかなか処方薬のようにはいかないけれどね。

兼近　よくないほうのクスリの話になりますけど、芸能人が覚醒剤を使用していたとか、所持していたとかいう事件がたびたび起こりますよね。しかし芸人に関しては、少なくともこの30年以上、そのような事件が起きたと聞いたことはありません。そもそも芸人はクスリをやらないと思うんです……って、自慢することではなくあたりまえのことですけど。

中野　むかーしは、そんな話があった、と聞かないでもないですが、さすがに今はね。ベータエンドルフィンというのは脳にもともとある内在性の脳内麻薬だし、笑いをつくるというのは、それを自力で増やしているようなものだからねえ……。実力のある芸人さんなら、わざわざ変なものを外から入れなくてもいいのでは？

それから、人前で評価される、笑ってもらえるという快感も大きいですよね。ヒトが快感を覚えるのは、お馴染みのドーパミンという神経伝達物質が線条体をはじめとして、報酬系と呼ばれる快感を司る脳の部位を活性化させるからと考えられています。コカインや覚醒剤は、この脳内回路を強制的に動かすので、一時的な快楽があるわけだけど、外から与えられたクスリがなくなると、強烈な飢餓感や苦しみが生まれるというよね。ぞっとする話だけど、外からクスリを与え続けていると、自力でこの快楽の回路を動かす力がなくなっていくと考えられていて、その苦しさは想像を絶するものがあると思う。力のある芸人さんたちは、やっぱりお客さんに笑ってもらったり、自分も楽しかったり、そういう真っ当な行為による内在性の快楽物質が、そもそも脳内に豊富に得られるんじゃないかな。

笑いには国民性がある

兼近　真っ当な薬に話を戻すと、錠剤のような服用薬だけでなく、笑いという内在性の薬が求められているということもまた、世界共通ですよね。でも、笑いの文化は国によって特有なものがあるから、求められる笑いが違うと思います。

それを強く感じたのは、２０２２年のアカデミー賞授賞式で起こったウィル・スミスのビンタに対するアメリカと日本の反応の違いです。大きな話題になりましたので僕が説明するまでもないかもしれませんが、ステージ上でコメディアンのクリス・ロックが、客席にいるスミスの妻（女優のジェイダ・ピンケット・スミス）の脱毛症をジョークにした。怒ったスミスがステージに上がって、ロックにビンタを食らわせた。アメリカでは暴力を振るったスミスのほうが糾弾されましたが、日本では逆に、女性の髪の薄さをからかったロックのほうに非難が集中しました。

中野　欧米では暴力は無条件に許さないとされているよね。けれど、侮辱的なジョーク、差別的な発言は日本ほど禁じられていないのですよね。

兼近　暴力はもちろん批判されて当然ですが、それだけではなく、スミスはロックのジョークにおもしろい返しができなかったということも批判されたのではないかと思ったんです。

中野　確かにね。さすが芸人・兼近の視点ですね。

兼近　求められる笑いが違うということは、日本ではなかなか受け入れられなかった芸人が、海外ではめちゃめちゃウケたということからもわかります。最近ではイギリスのオーディション番組『ブリテンズ・ゴット・タレント』で「とにかく明るい安村」さんがスタンディング・オベーションを起こして人気に火がつき、大ブレークしました。それより早くピン芸人のウエスPさんは、２０１７年にアップした動画がバズって、『アメリカズ・ゴット・

タレント』など海外の番組からオファーが殺到し、いまや海外で大活躍中です。

中野　あれは観ていて痛快だったし、うれしかったたね。おふたりとも裸芸で、バカウケでしたね。ウエスPさんは、自分の裸体でテーブルクロス引きという芸です。とにかく明るい安村さんは、お馴染みの全裸に見えるポーズでひと笑いとってからの、「安心してください、はいてますよ」を英語で"Don't worry, I'm wearing!"ですね。日本と違うのは、ここで客席が"Pants!"と応えるところですよね。

英文法の基本ですからね、これ。テストに出るよ。wearは他動詞なので、目的語がないと落ち着かないから、英語話者は「パーンツ！」と言わされてしまうんだよね。

まあ、お勉強ネタはこのくらいにして、子どもが好きなようなベタなネタが、イギリスでは大人もみんな大好きなんだなと思いましたね。「パンツ」とか普段は大声で言うのははばかられるという緊張感が背景としてあるところに、安村さんがうまく認知の装置をつくって、それを破らせてくれるという気持ちよさもあるんでしょう。

兼近　そうですね。緊張させておいてドッと緩和させるというのは、代表的な笑いのテクニックなんです。それは世界共通なんだなと思いました。そもそもオーディションという緊張した舞台に、ひとりだけ裸の変な人が出てきたら、緊張が緩むからそれだけでおかしいですよ。

中野　笑いのバリエーションでいうと、世界史ジョークといわれる古典的なものがあるんですが、ご存じですか。世界史的な背景を知っているから笑えるジョーク。

兼近　世界史……僕はかなり苦手だということが発覚したばかりです。

中野　たとえば、こういう話です。旧ソ連時代にある男が「スターリンは大バカだ！」と叫んだら、ＫＧＢに捕まってシベリアでの23年間の重労働を科せられた。23年もの重罪になったのは、侮辱罪だけなら3年だけど、国家機密漏洩罪20年が加わったから、という。

兼近　あ、おもしろい。ブラックジョークですね。

中野　こういうのもあります。帰宅したら妻が浮気相手とベッドにいた。さて、夫はどうするか。答えは、夫がアメリカ人なら相手を射殺する。ドイツ人なら裁判を起こす。フランス人なら服を脱いで加わる。日本人なら終わるまで待って名刺交換する。

兼近　（笑）国民性を揶揄している。これはいわゆる「共感の笑い」です。共感できないと笑えません。

中野　そうそう、さっぱり共感できないジョークもあるんですよ。代表的な世界史ジョークのひとつに電球ジョークというのがあって、これは私にはおもしろさがいまいち、わからないんです。電球1個を替えるのに何人必要でしょうか？　というもので、ポーランド人なら3人必要だという。なぜなら1人が台に乗って電球を差し込んだまま動かずにいて、残りの

2人が台ごとその人を回して電球をねじ入れるから……。ポーランドの国民性をよく知らないからなのか、おもしろさがわからない。

ちなみに日本人なら膨大な人数が必要で、なぜなら電球を作るところから始めるからなんですって。今どきの半導体不足の状況も表しているようで、これはおもしろいかなと、ちょっとだけ思いました。

兼近　電球ジョークは、日本でいう大喜利ですね。お題があって、次々に時事も取り入れたいろいろな回答が出てくる。

中野　日本人の場合はこういうバージョンもあります。電球を交換するのに何人の日本の実業家が必要かという問いで、答えは3人。1人は新しい電球が壊れていないか確認する、1人はその電球に交換する、もう1人は交換された古い電球を輸出する先を調べる。

兼近　これは一種の三段落ちです。3人目に思いもよらない答えをもってくる。

中野　なるほど、世界史ジョークも日本のお笑いのテクニック論で分析できるんですね。

埼玉はドイツだ

中野　ＥＸＩＴは目下、47都道府県でのライブ（「47°M～２０２３年中に達成する持続可能な47のファンミ兼チャＬＩＶＥ～」）を決行中ですが、国内でも地域によって求められる笑いに違いがありますか。

兼近　ぜんぜん違います。わかりやすい例で言うと、都内のライブでは「港区女子」とか港区の金持ち、西麻布をイジったりするとウケるんですが、地方のまちでは共感を得ないのでウケません。どこでも自分のまちをイジられると喜びますから、まちの特徴を細かいところまで把握しておくようにしています。

中野　著名人のパブリックイメージが、ちょっとおもしろい感じで崩れるというのが喜ばれるように、「おらがまち」のちょっとしたところをダメ出しすると喜ばれるんですね。それも郷土愛の表れかもしれません。

人間が1時間で歩ける距離は約4キロメートルで、かつての日本ではこれを1里としていました。〝まち〟のデザインも広く手がけている世界的な建築家の伊東豊雄さんによれば、1里四方が自分の〝里〟だそうです。つまり、「おらがまち」のテリトリーは4キロメートル四方ということですね。これは、ちょっと小高いところに登って見渡せる範囲と考えればいいそうです。

漫画『翔んで埼玉』（魔夜峰央（まやみねお）、白泉社）では、ちょっとしたダメ出しどころか埼玉をディスり倒していますが、映画化されて埼玉で大ヒットしましたね。埼玉県民はまもなく公開される続編（2023年11月）を心待ちにしているそうです。埼玉の人が喜んでいるのは、奇妙に聞こえるかもしれませんが、埼玉はいわばドイツだからだと思うんですよ。

兼近　埼玉がドイツ？

中野　では世界史と地理の復習をしますよ（笑）。ヨーロッパの地図をざっくり描いて説明しますと（図1）、まず、ここにデンマークがあります。

兼近　小さなデンマークからいきますか。

中野　オランダがあり、フランス、スイス、イタリア、オーストリアがあり……。

兼近　地図帳も見ずによくスラスラ描けますね。

中野　東側にポーランドがあり、そして真ん中にドイツがあります。首都ベルリンがここ。

兼近　ベルリンはドイツのけっこう端っこのほうに位置しているんですね。

中野　ちょっと、中心とは言いづらいようなところですよね。北東の、かなり国境の近くにあるように見える。

これには理由があって、現在の国境線は第二次世界大戦後に、ポツダム会談でイギリス、アメリカ、ソ連が暫定的に決めたものなんです。歴史的なドイツ国境は太線のところ。ドイツというか、プロイセン時代のポーランドとのあいだの国境。とすると、ベルリンはプロイセンの中心に位置していたのがわかると思います。プロイセンというのは非常に興味深い国家で、今もドイツにはそれを誇りに感じている人たちもおり、ドイツ人のアイデンティティ

図1　プロイセンによるドイツ統一（1871年当時）

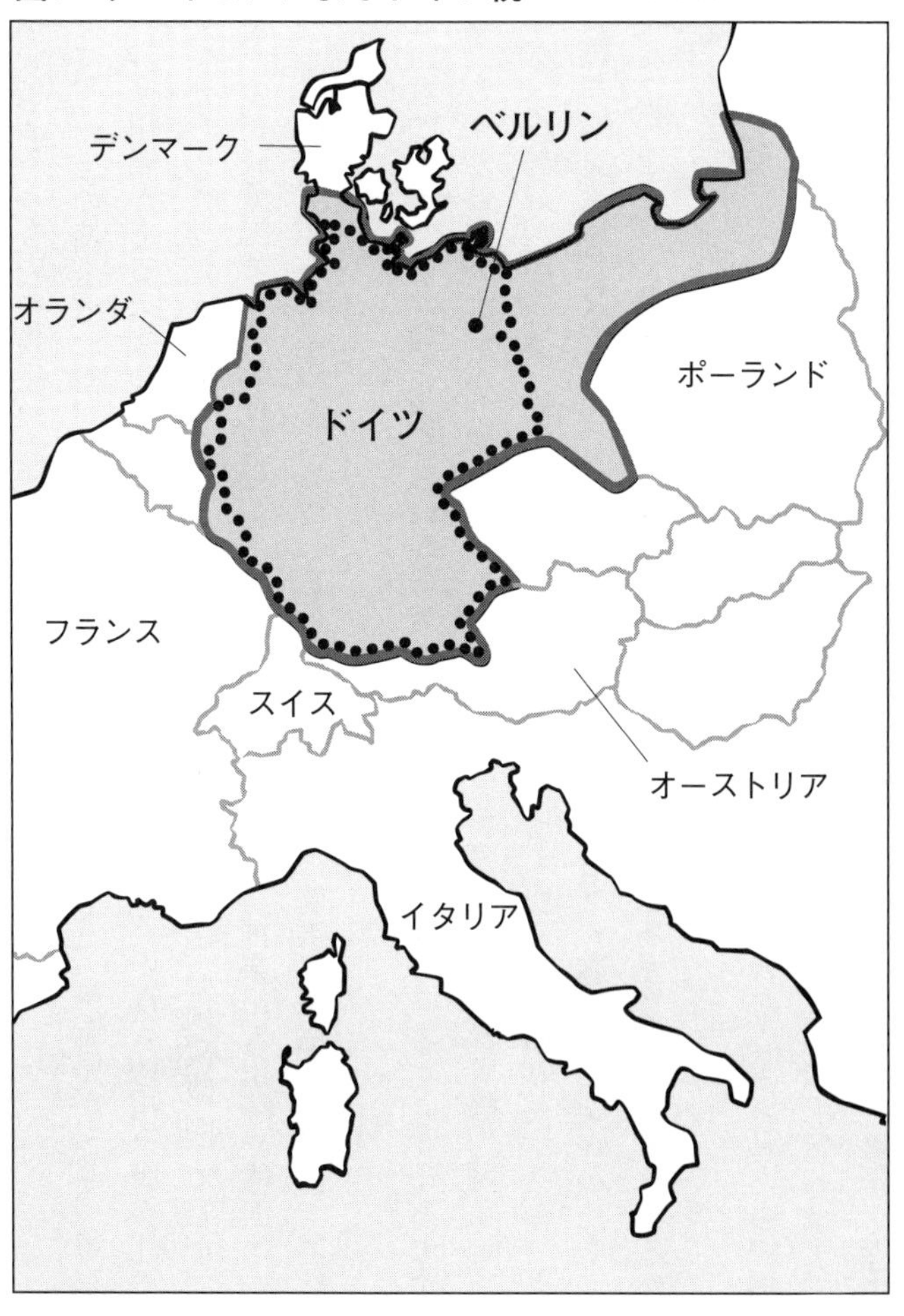

プロイセン
現在のドイツ

の根源にあるともいわれています。

　さて、一方の埼玉ですが、こちらも地図を描いてみますと、埼玉県があり、東京都があり、神奈川県がある（図2）。江戸・東京が日本の中心であるのは、徳川家康が江戸幕府を開いてからのたかだか400年余の歴史で、古代より関東の中心は武蔵国でした。太線で囲んだのが武蔵国で、埼玉と東京がまるっと入っています。神奈川も川崎や横浜の一部までは入っていて、いちばん広く占めているのは埼玉。だから埼玉県民にとっては、実は埼玉も東京も一緒。

兼近　もともと一緒の国だったという意識が脈々と受け継がれているということですか。

中野　ちょっと言いすぎか（笑）。でも、そう思います。地理的には実際、関東地方の中心ですし、川越（河越）城、岩槻城、忍城など由緒ある城もたくさんありますよね。よく埼玉県民は自らを東京都民だと思っているといわれますが、あまり違和感はないんですよね。さいたま市のライブで港区女子や西麻布をイジっても、東京とあまり変わらずウケるかもしれない。

兼近　なるほど、確かにそうですね。でも、埼玉県民が「東京はもともと私たちの領土よ」というのは微笑ましいけれど、国家がむかし権勢を誇っていた時代の領土をいつまでも自分の領土だと思っていると、取り戻したいということになり、ロシアとウクライナのように戦

図2 武蔵国（むさしのくに）

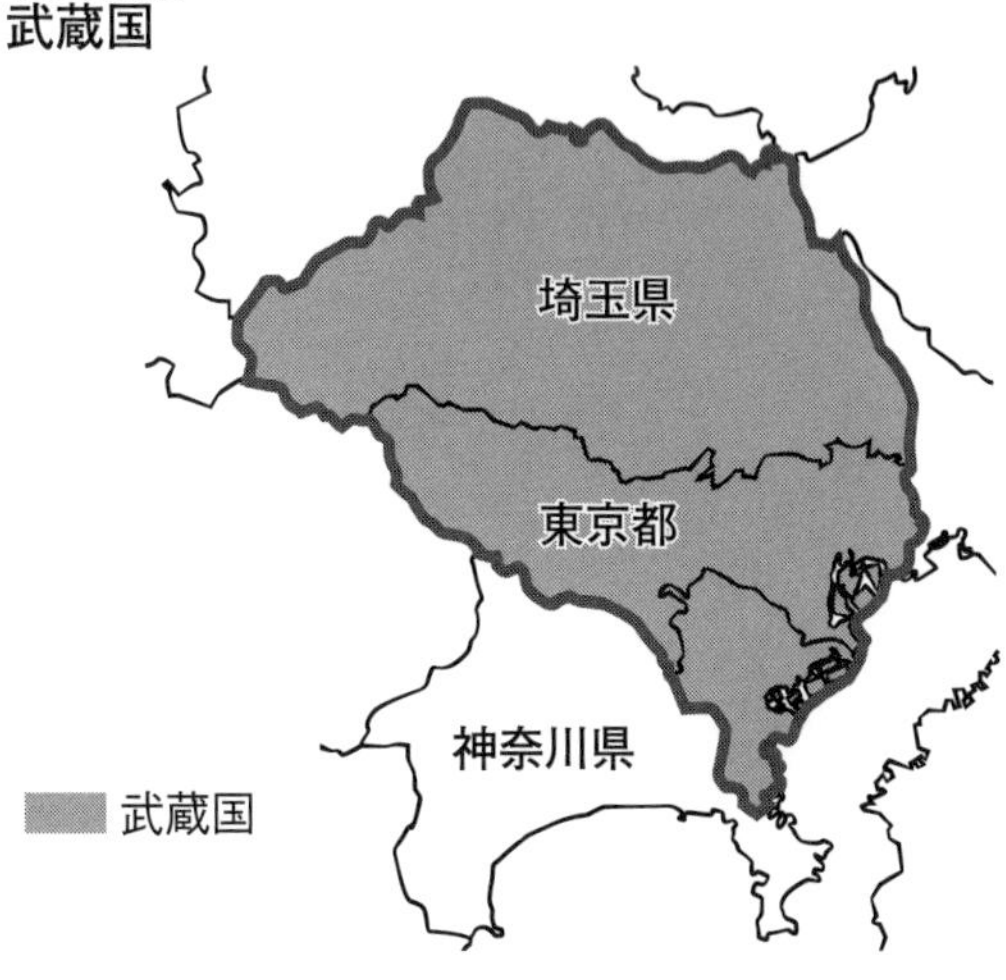

争になってしまう。

中野 武力、暴力によって人命が失われる悲しい戦争でなく、願わくば、文化の競争が行われてほしいものだと思いますよ。

笑いを読み解く能力がある

兼近 地域性のもうひとつの側面として、SNSが発達してよその情報も瞬時に取り入れられるようになり、たとえば子育てにしても新型コロナへの対応にしても「うちの地域にはこういう支援がある」「うちの地域にはないんだけど」とか、不公平感というか、よその地域がいい思いをしているのがなんだかおもしろくない、許せないという声も上がるようになりました。情報なんて、むしろ知らないままでいたほうが楽で幸せな場合もあるのではないかと思うことがあります。

中野　見なければ気楽でいられたのに、という情報は存在しますよね。情報が届くことによって楽になる部分と、心理的にはむしろしんどくなる部分が誰にもあるはずです。あまりこの仕組みについて深く突き詰めすぎると、人間の嫌な面をたくさん話すことになるし、また別の機会にお話しするほうがいいかな。

けどお笑いは、しんどくなる部分を拾ってネタにするほうがむしろやりやすいですか？

兼近　そうなんです。ただ、それは情報を読み解く能力、リテラシーが高くなければ笑えないわけです。リテラシーが上がった人が増えたとは思うのですが、一方で上がっていない人もいます。僕らは漫才をするときそのどちらに合わせるか、すごく考えます。

たとえば、僕には普段から少子高齢化の話題が頻繁に耳に入って来るように思えます。小池（百合子）都知事も記者会見で子育て支援の政策を打ち出すシーンがニュースで流れるから、ああ、今は子どもが少ないことが大変な問題なんだなと思うようになりますよね。この「少子化」問題は全国共通のはずなんですが、漫才のつかみとして、「少子高齢化が酷いことになってるよね」から入っても、地方によっては客席が「ふーん……」となることがあります。つまり、これだけ少子化のニュースで溢れていて、それは正しい情報のはずなのに、そのニュースはよく知らない、関心がないという人たちが明らかに多いなと感じることがあるんです。

僕らとしては、「ふーん……」という反応をされるようでは、観客にはもうその後の漫才の内容が入らなくなってしまいますから、どこに重点を置いたネタにするかというのはとても大事で、芸人としては死活問題でもあるんです。

中野　その「ふーん……」という反応しか示さなかった人の属性も気になりますね。その人たちとしては、少子化どころではない、もっと切羽詰まった大変な問題にさらされているということなのかな。どうなんでしょう。

兼近　なるほど、そういうことかもしれないですね。もしかしたら、お笑いを観たいと思ってくれている層は情報リテラシーがそれほど高くないというか、要は堅いこと気にしないという人たちが多いのだろうかと思っていたんです。となると、僕らＥＸＩＴが本来やろうとしていることは、まったくおもしろくないということになるんですよね。どこに重きを置いた漫才にすればいいのだろう——今年、全国ツアーに挑戦してみて、そんなことをものすごくよく考えるようになりました。

中野　チャレンジングだけど、考える価値のある課題ですね。先ほども少し触れましたが、ＥＸＩＴはチャラいと見せかけて、実は時事、社会問題や国際情勢など、とてもよく勉強しているんですよね。ネタにするときには練りに練っているわけでしょう。意外だな、と感じるほど、堅いこと、難しいことをネタにしているんですよね。

私が驚き、かつウケたのがアートのコントです。りんたろーさんが画家の役で、兼近君の絵を描いて「こういう作品ができました」と持ってくる。

兼近　「僕、これを描いたんで、値段をつけてください」って言う人、実際にいますよね。僕は何とか値段を0円にして、タダでもらってしまおうとするというネタなんですけど、これはピカソ展を観にいって思いついたものです。

ピカソの絵は、20歳ぐらいまでに描かれたものは古典的なキレイな油絵で、僕にもわかりやすかった。でも、青の時代とか、バラ色の時代とか、前衛的なキュビズムとか、途中だけ観るとわかりにくい。僕にはショボいと思えるものもあった。でも全部を観てみると素晴らしい。思ったような値段がつかないとか、きっといろいろな絵の時代を経てきた歴史があるから素晴らしいんだなと思ったんです。

中野　そうですね。ピカソの言動、生きざまも含めておもしろいですよね。

兼近　でも、画家のネタはライブでウケなかったんです。だからボツにしました。

中野　そうなんですか。うーん、私はあんまり一般的な感覚じゃないのかなあ。あのコントはいいところを突いていて、たとえば現代アートの作品の値段の決まり方なんてなかなかトリッキーなところがあるということはまさにそのとおりだし、現実を皮肉っていて私はいいと思いましたよ。ちょっと褒めすぎかもしれないけど、ニューロマーケティングをコントにしたという感じで。

ちなみにだけど、現代アートの作品も購入する人にとってはＨａｐｐｙ Ｐｉｌｌｓである場合が少なくないんですよね。もちろん、本当に厳しい目利きのアートファンもいらっしゃいますが、一方で、自分にはアートにこれだけのお金を支払える資金力があって、アートもわかっていますよということを多くの人に認めてほしいがために買うという人もいます。たとえば、欧米で人気のある作家の絵を買うと、「あの作品を購入した○○さん」ということで知名度が上がり、その種のソサエティに仲間入りできるというような。

兼近　承認欲求みたいなものなんですかね。

中野　まさにそのとおりです。現代アートはそういう欲求を満たしてくれるＨａｐｐｙ Ｐｉｌｌｓでもあるんです。

玉が出なければ別の台に移る

兼近　中野先生がマニアックなネタが好きだということがよくわかりました。

中野　芸人さんでは昭和なムード歌謡漫談のタブレット純さんが好きなんです。

兼近　十分マニアックですよ。

中野　確かに〝知る人ぞ知る〟芸人と言われていますね。私は今、好きだと言ってしまいましたが、多くのファンは自分がタブレット純ファンであることを口外しないという空気があるんです。そしてファンは純さん本人に対しても「あまりバカ売れしないでほしい」とお願いしているとも。そのせいなのかなかなかブレークという感じにならないのですが、ステージもおもしろいし、ラジオでも引っ張りだこです。

兼近　タブレット純さんにはラジオが合っているんですね。

芸人にとって環境は大事であるということは痛感します。同じことをやっていても、環境によってウケたりウケなかったりする。理解してくれる人、楽しんでくれる人がいるかどうか、環境によって変わるんです。

僕自身の場合も最初の数年間はそんなに大爆笑をとることもなく、どこからか求められるようなこともないまま劇場で頑張っていて、少し手応えがある程度にしか思えなかったんですが、2017年にりんたろーさんとコンビになって、急にテレビから呼ばれるようになった。笑いのとり方もしゃべっている内容も劇場でやっていたことと変わらないのに、テレビというステージに変わっただけで、一気にウケるようになり、求められるようになったんです。

中野　謙遜して言うけど、いろいろやり方を工夫もしていたし、挑戦をくり返す中で当たったというのは誇っていいことじゃないですかね。とにかく明るい安村さんも、環境を変えたからこその海外での大ブレークということも言えそうです。

兼近　そうですね。帰ってきたら「吉本でウケない」とか「日本がいちばんウケない」とかこぼしているそうですけど、それは海外では国内での評価とは比べ物にならないぐらい盛り上がったということだと思うんです。だから今、自分で納得がいかない状況に置かれているという人には、絶対にもっといい環境があるから環境を変えてみろと言いたいです。

中野　ゲームを変えてみるという発想は大事ですね。負けが込んでいるところでいつまでも同じことをしていても状況が変わる目は薄い。パチンコで言うなら、勝てない台より勝てる台を見つけろということですかね。やったことないけど（笑）。

兼近　勝てない台でどうやったら玉が入るようになるかを考えるよりは、別の台に行ったほうが当たりますよね。お笑いの場合、それが顕著に表れます。こっちの番組では跳ねていなかった人が、あっちの番組では大爆発する。逆に、こっちの番組では大爆発していたのに、違う番組に行ったら少しも盛り上がらず、もう二度と呼ばれないということがめちゃめちゃ起こる世界です。

中野　ニーズとのマッチングですね。

兼近　アマチュアの場合も同じことが言えると思います。ＮＳＣ（吉本総合芸能学院）には、それぞれ地元の中学校や高校、あるいは大学で最強クラスにおもしろいと言われてきた人たちが集まるんです。でも、東京に出てきたらたいしたことない、おもしろくないということになってしまう。逆に、僕は学校でおもしろいと言われる存在ではなかったのに、NSCではめちゃめちゃおもしろいと言われた。僕も、あれ？　イケるんじゃないか？　と思えるようになったんですよ。

子どもの場合も、転校してみたら学校が楽しくなったということがありますよね。自分に合う環境でやるということが大事なんだと思います。

ただしプロの芸人の場合、自分に合う台、つまりよく玉が入る当たりの台を探したとしても、その数は限られているんです。だから努力は絶対必要で、その番組にハマるためにはどうしたらいいか、必死に考えます。ＥＸＩＴは全方位型にハマれるように考えに考えました。

もちろん、失敗もしてきました。最初の頃は、トークバラエティのひな壇でエグいスベり方をしたので、番組では雑に扱われていました。要するに、チャラ男で出てきて、なんかふざけて変な空気にしてしまったわけです。

中野　スベったときというのは、どうするものなんですか。

兼近　どうにもならないです。りんたろーさんなんてひと言もしゃべらなくなります（笑）。

日常においても、知らない人がふざけたマネをすると、むかついたり、嫌悪感を覚えたりするだけですよね。同じふざけるにしても、よく知った友だちのおふざけはおもしろい。だから芸人にとっては知名度を上げる、ＥＸＩＴのことはよく知っていると思ってもらえるようになることは大変重要なんです。

中野　よく知った友だちのおふざけはおもしろい——とても本質的なことですね。あとの章で、心理学の視点からご説明しましょう。

「にじさんじ」を知っていますか

中野　テレビの場合、見せる相手が３方向にいますね。①視聴者、②番組のキャスティングをする人、③スポンサーです。

兼近　視聴者に向けてという意味では、出演者にはさまざまな役割分担があります。たとえば、①子どもに向けて、②若者に向けて、③中年に向けて、④高齢者に向けて、それぞれウケることを言うという役割があって、ＥＸＩＴにはテレビの向こうの若者にウケることが求められているはずなんです。だから、ユーチューバーのコムドットが若者に支持され始めたころに彼らの話をしたんだけれど、オンエアでは使われなかった。なぜなら、番組を制作する人たちがコムドットを知らないから、まず、彼らに僕らの話がウケないわけです。テレビ番組を作っている人も観ている人も50～60代のみなさんがおもしろいと感じるものをおもしろがります。

中野　ＷＢＣ（ワールド・ベースボール・クラシック）を熱心に観ている層というイメージですね。

兼近　まさにその層です。だから何でも野球で喩えますよね。でも、若い人たちは野球のことをあまりよく知らない。コムドットのことなら高校生でも中学生でもみんな知っていますが、コムドットで喩えたりツッコんだりしてもオンエアでは使われないから、使われるためには「機動戦士ガンダム」で喩えてツッコミをしなくてはなりません。

今は若い人たちには、テレビに出ているタレントさんより、ＳＮＳのタレントさんのほうが影響力があります。50歳以上の人たちはテレビ第一で観ているから、ここまでＳＮＳが台頭していることをご存じないんですね。

ＥＸＩＴは10～20代のことも理解できて、40代以上についてもわかるというスタンスで、実際にわかってやっていますから、さてこれからどこに向けてどういうＨａｐｐｙ Ｐｉｌｌｓを売っていけばいいのか。

中野　若い人にウケる笑いと、上の層にウケる笑いは、まったく違うんですか。

兼近　まったく違います。

中野　どっちも知っているのは強みですよ。EXITのことだから、実は全世代をかなり真面目に研究されているのでしょう。

兼近　はい。先ほど、僕らはこう見えて時事や社会問題に詳しいとおっしゃってくださいましたが、50代以上の人に刺さった音楽や漫画、アニメの再放送など観るようにしていますし、一方で一般の若い人たちが誰のSNSをフォローしているのか、誰を応援しているのかチェックしています。「にじさんじ」というバーチャルのユーチューバーとか、イケメンのキャラクターたちのラッパーのグループ「ヒプノシスマイク」――ラップは人気の声優たちがやっている――とかは若い人たちに絶大な支持を得ていて、ヒプノシスマイクのライブは東京ドームが満杯になります。

　でも、50代以上の世代はこういう事象を知らないし、50代以下の世代も声優を応援する人は声優しか追っていないし、アニメファンはアニメしか観ないというように好きなものしか観ていないから、同世代でも知らない人が少なくない。僕は以前、メディアを越える架け橋になりたいと本気で思っていたんですが、それは無理なのではないか、それぞれの世界に正解があるから、ひとつになることはもうないのかなと思っています。

中野　多様であるというのはいいことではあるのですが、マネタイズする側としてはちょっとターゲティングには困ってしまいますよね。

全世代にウケる笑いはなくても

兼近　全世代にウケる共通のものがない以上は、やはり誰に向けてどういうＨａｐｐｙ Ｐｉｌｌｓを売っていくかということを考えなくてはなりません。

でも、むかしからそうだったと思うんです。若者は、おじさんに対して「何を変なことを言っているんだろう」と反感を抱いていたはずです。だから40年前には当時20歳前だったダウンタウンさんが、上の世代がおもろないというスタンスで登場してきた。若者からの絶大な人気を博し、その若者たちに応援され、一緒に歳を重ねながら今に至っている。これは強力なわけで、テレビ番組を作っている人たちもこの世代なんです。若い人たちは、この世代にウケなければなかなか認めてもらえないので、みんなユーチューブに行って、若い人たちもユーチューブを観ているという状況だと思うんですね。

ＥＸＩＴにテレビの需要があるのは、先ほどお話ししたとおり、上の世代が共感できるコメントやボケ、ツッコミができるからであって、若きニューカマーとして認められているわけではありません。第一、りんたろーさんは37歳、僕は32歳ですから、若者ではないですよ。本当に若者目線が必要なら、10代の人を呼んだほうがいいと思います。

中野　10代というと、鈴木福君（２００４年生まれ）や寺田心君（２００８年生まれ）の世代ですよね。

おっしゃっていることがすごくよくわかります。私もかつて「主婦目線で」あるいは「女性目線で」というディレクションでコメントを求められたことがあり、ちょっと困りました。本当にその目線をテレビでやるとなると、キャスティングする人は主婦でもないし女性でないことも多いので、理解されることが少ないからです。使ってもらえるようにと考えると、やや男性ウケの成分を増やさざるを得ず、さりとていわゆる女性目線というのを意識しないわけにもいかず、このバランスをとるのはそう簡単とは言えません。

兼近　上の世代がいる状態で、若者が台頭できるようなものをつくらないとダメなんだろうなと思いながら、日々やっているんですけど、なかなか難しいです。

中野　笑いの構造そのものも世代によって、時代によって変わるものなんですか。

兼近　僕はそこは変わらないと思います。笑いが起こる構造は、先ほどのお話で世界共通のものがありましたし、時代によって変わるということがなかったから、ベテランの芸人がずっとテレビに出続けて、一線で活躍し続けていられるのではないでしょうか。だからこそ、先輩たちから学ぶことがめっちゃあるんですよ。喩えに使うものは時代や世代で違うんですが、笑いのとり方は一緒なので、勉強になります。

中野　使う素材は違うけど、料理法は一緒みたいなことですね。

兼近　そうです、そうです。焼く、煮るはまったく一緒で、食材が違うというわけです。

中野　ではその変わることがない「笑いが起こる構造」について、次の章で詳しくうかがっていきましょう。

第2章

僭越ながら――中野と兼近の芸人論

第1節　芸人に学べ

兼近が説く「緊張と緩和」理論

中野　笑いが起こる構造についてですが、先ほどからお話をうかがっていると、笑いを起こすテクニックにはセオリーがあるということがわかりました。もしかしたら企業秘密かもしれませんが、詳しく教えていただけますか。

兼近　はい、喜んで。サラリーマンの人や学生のみなさんにもきっと役立つはずなので、僕はむしろ知っていただきたいと思っているんです。

　おおまかに言うと3パターンあります。まず、先ほどとにかく明るい安村さんがなぜ海外であんなにウケたのかというお話をしたときに少し触れた「緊張と緩和」のセオリーです。張り詰めた空気の中、ちょっとしたユーモアをもって緊張を緩めるという笑いのとり方で、明石家さんまさんがよく使う手法です。

　これを理論として最初に唱えたのは、上方落語の2代目桂枝雀師匠（1939〜99年）だそうです。著書『らくごDE枝雀』（ちくま文庫）の中では、人が笑うのは（A）知的に変なこと、（B）情的に他人のちょっとした困りごと、（C）生理的に緊張の緩和、（D）社会的、道徳的に他人の忌み嫌うことやエロがかったことの4つであって、その中でも「生理的なもんがいちばんの根本やという結論に達したんですわ」と語られています。

　真面目な文脈や緊張した状況が緩むと、人は生理的に笑ってしまうんですね。緩和させて笑いをとるためには当然、まず緊張した状況をつくらなければなりません。これを「フリ」といいます。フリがその後の状況の方向性を決めるわけです。

中野　私は以前、『踊る！さんま御殿!!』(日本テレビ系列)にIQが高い、記憶力がいいというキャラに仕立てられて出演した際、出川哲朗さんがしゃべっている口元をずっと見ているうちに、思わず「出口さん」と呼んでしまったことがあります。名前を間違えるなんて失礼も甚だしいので、しまった！　と思ったんですが、このときすかさず、さんまさんに「名前も覚えてないんかい。IQ高いって何なん？」とツッコまれました。おかげでスタジオは大爆笑でした。

兼近　さんまさんからしたら、ラッキーな展開だと思われたでしょう。わざわざ自分でつくらなくても、本番で人の名前を間違えるというまさかのミスで、緊張した空気にしてもらったんですから、これを緩めれば笑いがとれる。つまり、狙ったわけではないにしろ、中野先生のフリがよかったわけです。

　このように、さんまさんは真面目な話の中でミスする人がすごく好きで、必ずそのミスを拾って、ミスした人をイジって笑いに変える。そのスキルが高いんですよね。だから一般人と絡んだら抜群におもしろいじゃないですか。

中野　一般人をおもしろく仕立ててあげられるスキルがずば抜けて高いんですよね。

兼近　それは人に優しいということですよね。芸人に対しては厳しいですけど。ひな壇からボケたりツッコんだりするタイミングがちょっとでも悪いと、「なんでここで入ってくんねん」という目をします。

中野　ああ、しますね。

兼近　え、中野先生にもするんですか。

中野　する、する。

兼近　鍛えられていますね、芸人じゃないのに。

　中野先生が名前を間違えて呼ぶことによって緊張と緩和の手法を使われたように……。

中野　いやいや、私がその手法を意図して使ったわけではない（笑）。

兼近　（笑）名前の一件はサラリーマンの人も応用できます。社内のミーティングで部長とか課長とか、あるいはチームのリーダーでもいいんですが、部下たちを見回して「私は君たちひとりひとりのことを考えて毎日、頑張っているんです」と真剣な表情で語りかけると、その場が張り詰めた空気になりますよね。で、「たとえば、……君は誰だっけ？」と部下を指さす。実は部下の名前をわかっていないということになったら、おもしろいじゃないですか。緊張が一気に緩んで、「知らないのかよ！」とみんなが吹き出しますよ。

サラリーマンの人がよく間違えるのは、これからおもしろいことを言うぞという空気を出してしまう。つまり、緊張をつくる「フリ」ができていないんですね。さらにひどいのは、「おもしろいでしょう」と自分で言ってしまう。これがいちばんやっちゃダメなパターンです。

中野　部下だけは笑うでしょうが、それは部下が気を遣って表面的に笑顔をつくったにすぎませんね。

兼近　はい、部下には内心イタいと思われています。

「裏切り」の理論

兼近　次に、「裏切り」のセオリーがあります。

部下思いのはずの上司が、いきなり部下に「誰だっけ？」と言うなんて、部下にとっては思いもよらなかったこと、つまり予想の「裏切り」でもあるわけです。この「裏切り」が笑いの基本であるということはよく言われていることで、聞き手の予想や期待とは違うことが起こると、人はおもしろいと思うものなんです。だから漫才でも落語でもオチは「裏切り」

である場合が多いです。

ＥＸＩＴがやるのは裏切りの笑いです。そもそれは見た目から始まっていまして、僕らがめちゃめちゃチャラい、なんか嫌だなとさえ思わせる格好をしているのは、この見た目で地球温暖化についてのネタをやり始めたり、少子高齢化について語り始めたりすることで、あれ？　意外にしっかりしているねと、聞き手の予想を裏切って驚かせることができるからなんです。

中野　兼近君は、自分自身ではチャラいのは嫌なんですか。

兼近　自分では僕のような見た目の人はあまり得意ではないです。特に僕なんか、南国の鳥っぽいじゃないですか。嫌悪感を覚えませんか。

中野　おもしろいですね。自分で嫌悪感を持っているっていうのが。とはいえピンクの髪、私は嫌いではないが……。

兼近　そう言うのはｈｉｄｅさんのファンぐらいで。

中野　カッコいいとダサいのきわどいところだからいいというかね。カズレーザーさんのスタイリングもおもしろいですよね。金髪に真っ赤なスーツというド派手なファッションで、鋭く世相を斬ったり、クイズ番組では教養の高さを見せたりしています。

兼近　それも裏切りのテクニックですね。

中野　ギャップが大事というわけですね。

兼近　ギャップ萌えといわれるように、みんなギャップが好きですよね。でも、中野先生も他人事じゃないですよ。見た目はすごいファンキーな感じで、話すとインテリジェンスに溢れている。このギャップも裏切りのひとつだと思うんです、芸人じゃないけど。

中野　そうなのか（笑）。どうりで、兼近君にはなんかちょっと弟感を覚えるなと思った（笑）。

兼近　そうですね、見た目とのギャップ戦略という同じカテゴリーに入っているかも（笑）。僕は芸人なので、それを大袈裟に、わかりやすく見せているんです。

中野　ＥＸＩＴのライブに行くと、観客にはチャラ男に匹敵するようなギャルっぽい人が多いのかなと思ったら、意外といないんですよね。

兼近　ぜんぜんいません。

中野　ＥＸＩＴファンの傾向としては、私の観察した限りですが、スカートはやや長め、化粧はどちらかといえば地味めな人が多いようです。心理学で性格傾向を記述する尺度に内向的か外向的かというのがありますけど、自分の気持ちの揺れに敏感な、内向的な人が多いのではないかなあ。

兼近　こんなチャラ男につくファンのイメージと違いますよね。若いギャルたちにはたぶん、僕らのギャップに気づけないのではないか。彼女たちには僕らがただひたすらチャラい人にしか見えないから、「なんか嫌だ」で完結してしまうのではないかと思います。僕らの狙いについては、ある程度社会経験を積んだ30〜40代、50代の人にしか気づいてもらえない、理解してもらっていないという自覚はすごくあります。

中野　ギャップ感を楽しめる大人、というイメージですかね。

兼近　やはり人生経験が浅いから気づけないという意味では、毎年各地で、新成人が成人式で騒いで式典を台無しにしてしまう画がニュースで流れますよね。僕に言わせれば、あれはすごくもったいないです。あのツッパリのド派手で思い切りヤンチャな見た目はいいフリになっているので、ものすごくおいしい状況がつくられているんです。だからそこでばっちり、しっかりした成人ぶりを見せるというのが、いい意味で裏切りになって、みんなにウケるだけでなく、みんなから認められる方法なんですよ。なぜそうしないんだろう。一生に一度しかない成人式というチャンスに、ただの悪ふざけしかできないなんて、本当にもったいないと思います。

中野　中野が年上なのでかなり気を遣って中年以上の人を持ち上げてもらってる感もありますが(笑)、それにしても、若い人たちにもぜひ、「裏切り」のお笑いの理論を教えてあげたいですね。

「共感」の理論

兼近　笑いを起こすテクニックの3つ目は、「共感」です。

あるある！　そうそう！　わかるわかる！　という共感は笑いを生みます。たとえば、有名人のモノマネだけでなく、校長先生とか部長とか、身近な人のモノマネも笑えますよね。いわゆる内輪ウケですが、これもわかるわかる！　という共感の笑いです。

芸人の例でわかりやすいのは、テツandトモさんの「なんでだろ〜」です。「昆布が海の中でダシが出ないのなんでだろ〜」は、言われてみれば本当になんでだろう？　と共感するじゃないですか。

中野　あれは昆布が耐えている。旨味成分のグルタミン酸が流れ出ないように、昆布が頑張って細胞壁で守っているんです。

兼近　しまった。中野先生がなんでだろう？　と思わないことを例に挙げてしまいました（笑）。

2022年にR-1グランプリを獲った「お見送り芸人しんいち」さんが歌う『僕の好きなもの』は、まさに共感ソングと呼ばれるものです。「アスファルトに咲いている花好き〜」とか穏やかな歌詞が続き、やがて「M-1、1回戦でスベりまくっている子どもコンビ好き〜」といった毒のある歌詞になっていく。急に毒舌に変わるという裏切りの要素も入ったうえで、でもわかるわかる！　と共感させるという笑いのとり方をするんですね。「ボディタッチ多いのにモテない女の子好き〜」とか「ディズニーランドでケンカしてるカップル見るの好き〜」とか、これなら中野先生も共感されると思うんですが（笑）。

中野　確かに。毒々しいネタ好き〜（笑）。

兼近　同じ年にM－1グランプリを獲ったウエストランドさんの漫才も、最初は毒のある共感の笑いから入るんです。たとえば「あるなしクイズ」というネタがあるんですが、「ユーチューバーにはあるけどタレントにはない」いうお題で、「ウザい」とか「警察に捕まり始めている」とかユーチューバーに悪態をつくんです。これをテレビで言うからものすごくウケます。テレビを観て育って今もテレビ第一の世代は、ユーチューバーの台頭をいかがなものかと思っているから、大いに共感するわけです。でもユーチューブで同じことを言ったら、共感の笑いは生まれないと思います。

　共感には場所によってつくられるという要素があるんですね。いかにそれを見極めるかが重要だと思います。

中野　そこ間違えると大変なことになるわけですね。

兼近　そうなんですよ。結婚の披露宴の場で、ウケるだろうと思って浮気話を披露するサラリーマンがいるじゃないですか。場も間違えているし、自分たちがおもしろければ誰にとってもおもしろいと、はき違えちゃっているんですね。

回転寿司の店で高校生が備えつけのしょうゆのボトルをペロペロなめたり、回転レーンの寿司を指でつついたりする動画をSNSにアップして、大問題になりました。調停によって和解に至ったとのことですが、いったんは高額な損害賠償の訴訟を起こされましたし、書類送検もされたし、高校生の身元も顔もすぐにネット上で拡散されて、高校を自主退学したそうです。

本人も動画を撮っている人もおもしろいと思っている。だから、これおもしろいよとみんなに教えて共感してもらいたかった。ところが、いざSNSという現場に出してみると、「あなたたちがやっていることはひとつもおもしろくないですよ」が突きつけられた。大人たちはブチギレましたよね。確かに、彼らがしたことは言語道断ですが、たぶん誰かに認めてほしくてやっているだけなんです。おもしろければ人気が出る、みんなから求められると思って、間違えた方向に走り出してしまったんですよ。

中野　アメリカでグリーンティーラテを注文したとき、緑色のお茶の味がまったくしないメロン味のミルクが出てきたのを思い出しました。見た目がグリーンならいいだろうということなんでしょうね。本当のお茶のおいしさを知らず、見た目だけ真似して、なんだかよくわからないものになっている。あの行為をしてSNSにアップしてしまった高校生たちは本当のおもしろいとは何か、お笑いとは何かを考えることなしに、お笑いのうわべだけを真似してしまったんですね。

芸人のコミュニケーション力

兼近　そもそも本当のグリーンティーラテの構造を知らないと、作るのは無理ですよね。

中野　そうなんです。日本人の舌からすると、なんだかやたら甘くしてごまかしている感じなんです。

兼近　かつての僕もそうでした。やたら甘くするのと一緒で、笑いの構造を知らず、笑いの構築の仕方がわからないから、やたら過激なことをしていました。「お前、ブスだな」とか過激なことを言えばおもしろいのだと勘違いしていたんです。

　綾小路きみまろさんは客席の中高年をイジり倒して、毒舌のように思えますよね。でも、観客はそうそう！　と共感したり、「あんたに言われたくないよ」とツッコミ顔で腹を抱えて笑ったりしている。それはきみまろさんが客席と何度もやりとりをして、十分なフリができて初めて、観客は毒舌さえおもしろく思えて笑うことができるんですよ。

中野　きみまろさんのコミュニケーション力ですね。

るんですね。

兼近　そのとおりで、コミュニケーションがとれているから観客はきみまろさんに共感できるんですね。

先ほど、僕らはスベるとどうしようもない、りんたろーさんはひと言もしゃべらなくなるという話をしました。それほどスベるのは怖い。それでもスベってしまった場合、ほかの芸人に「お前、スベっとるやんけ」と言われることで笑いが起こり、救われることがあるんです。どうにもできなかった状況から、ひとつ笑いを生んでもらえる。

それは、芸人同士のコミュニケーションがとれていて、「スベっとるやんけ」の裏に相手を救おうという思いがあるからです。でも、一般の人が「お前、スベってんな」と言うのは、ただ「お前の話はおもしろくないぞ」を突きつけているだけでスベった人を救おうという思いがないから、これはただのイジメに近いんですよ。

人は何で笑うのか、人は何をおもしろいと思うのかというお笑いの構造を学んでいくことで、僕は自然に人の寛容さ、優しさも学んできました。笑いを知っていると、多少嫌なことを言われたとしても、ああ、この人はおもしろいと思われたくて嫌なこと言ってるんだな、フリがうまくできていないだけなんだなというように、優しく寛容になれるんです。

ペロペロ事件の高校生の話に戻りますが、おもしろくあろうとしてサラリーマンが間違えるんですから、子どもたちだって間違えるに決まってるじゃないですか。どうして子どもたちがこんな間違いをしてしまうのかという構図がわかっていれば、それは自分たちも間違えたことがある構図と同じワケだから、大人が高校生たちにめちゃめちゃブチギレるということはないはずなんです。間違えてしまった高校生たちを指導しつつも、もっと優しく包み込むことができる社会になれるはずなのに。

だから、お笑いにはいろいろ学ぶべきことがある、いろいろな可能性があるということを広く伝えていかなければいけないのではないかと思っています。

中野　（拍手）

芸人にとって「おいしい」とは

中野　「おいしい」という言い方がありますね。芸人さんがよくこの言葉を使いますし、先ほどから時折、兼近君も使っています。私が最初に兼近君が「おいしい」と言うのを聞いたのは、出会ってまもない頃のことでした。実は私、ＥＸＩＴはダンス＆ヴォーカルユニットのＥＸＩＬＥのスピンアウトだと思い込んでいた時期があったんです。だからこのふたりは本来は歌を歌う人たちのはずなのに、なぜお笑いをやっているのだろうかと不思議だった——という勘違いをしていてごめんなさいと謝ったときに、「いや、それ、むしろおいしいですから」と言われました。

兼近　めっちゃおいしいんですよ。僕らはＥＸＩＬＥを模したコンビ名にして、歌も歌って、ＬＤＨ（ＥＸＩＬＥの所属事務所）に所属するアーティストであるかのように見せるということをしていたので、まさに作戦どおりに勘違いしてくれたのはありがたかったわけです。

中野　まんまとＥＸＩＴの罠に引っかかっていたのか。

兼近　通常使用される「おいしい」とお笑い的な「おいしい」は違うんですよね。芸人の場合、不利益を被った状態がおいしい。なぜなら、そのほうが笑いにつなげることができるからです。

芸人がＬＤＨっぽい名前をつけて、芸人っぽくないことをするというのは、芸人的にはダサい。つまり、ネーミングも含めて「ボケ」なんです。ところがそれが日常化すると、ＥＸＩＴの名前もやっていることもかっこいいとか、素敵だとか思われ始めた。それではもう、ボケになっていないので、正直言って「おいしくない」状態なんですよ。

中野　かっこいいとか、素敵だとか、本来ならうれしい評価がうれしくない。ある意味、それは一般的にも言えることですね。私の場合は「肩書き」が問題なんですが。

兼近　医学博士で脳科学者で大学教授で美術館の理事で……というマッチョ肩書きです。

中野　マッチョですよねぇ……。中途半端にすごい、というのは、恐ろしいことでもある。

この状態は、裏を返せば反感を潜在的に持たれているかもしれない、ということでもあります。あいつがなぜそんなに偉そうにしているんだと、人々から悪感情を持たれる可能性が高い。私はその種をいっぱい持っているということになりますから、どうにかしてこのリスクを回避しなければならない。それには、私は決して無条件にすごいというわけではないと認識してもらう必要があります。こんなダメな面がある、実はこんな苦労をしている、こんなに残念な面があって改善の努力をしている、という側面も過不足なく見せなければいけない。こんなことを言うとなんだかいやらしいかもしれませんが。

でも、みなさんもやっていると思うんです。ナチュラルにモテてしまうのにモテないふりをするとか、モテる努力をしている素振りを見せるとかね。何もしないでも点数がとれるのに、勉強しているふりとかね。いつもおしゃれにキメているのにちょっとだらしないところを見せるとか、学歴はすごいけど「実は苦労してきたんです」とこぼすとか、やっていませんか。傷はないほうがいいと言われますが、私はそうは思わない。実はあったほうがいい。傷を持っているというのは力ですよ。

兼近　傷があるように見せるのは、共感を得るためですね。

中野　ただし、自分の弱点をさらけ出す場合、さらけ出してもダメージにならないところにしなければならないという条件付きではあるんです。ダメージになるところを無防備にさらけ出す人がいますが、それはリスクが高い。

兼近　芸人はそこまでやっちゃいます。

中野　芸人さんにはそれを「おいしく」できるスキルがあるからいいんですが、一般の人にはちょっと難しいですからね……。

兼近　確かに、どこまでやっていいかというのは難しいです。たとえば芸人Aの弱点を芸人Bがイジる。これはイジられたAにとってはおいしいことなんです。しかし、テレビの視聴者がそれをBによる「イジメ」だと感じてBが大炎上するということがよく起こるようになりました。芸人としておいしくすることが成立はしていて、だからそれまでは視聴者におもしろがってもらっていたのに、今の視聴者には許せない。お前たちのイジりが子どものイジメに直結するんだと言われてしまうんです。

どういうイジりをすればいいのか、僕らは視聴者にとってもおもしろい、ちょうどいいところをわかっていなくてはいけません。しかも、そのちょうどいいところが番組によってまったく違います。番組によって視聴者が違うからです。同じ放送局でも、痛みを伴うような笑いをガンガンやる番組からそれを一切排除する番組まで、その差が大きいです。

中野　私はスキューバダイビングをやるんですが、海に潜るとたいてい水深15メートル辺り、海況によっても違いますが、その辺りに温度がパッと変わるラインがあるんですよ。海面近くは太陽で温められているから25〜26℃あっても、急に18℃ぐらいになったり。その境目はもやもやとしていてはっきりとは目には見えませんから、潜っていて体感で寒っ！　となります。

そういった温度の変化、うわっ冷たい、と感じた瞬間にスッと方針を変えられるような、確かに芸人さんにはそういう反射神経のよさが厳しく求められていますよね。

兼近　たぶん視聴者からすると、冷たい温度の層が見えている。めっちゃ水深が深いところまで潜っているのが見えちゃっているんですよね。だから、ああダメダメ、そこ冷たいのにっていうことになる。でも現場では全員で水深15メートルより深く潜っちゃっているから、それがなかなかわからない。

中野　一方で、大衆はルールを破った人に目が行く。そういう人をいつも見たがっています。そして賞賛と攻撃の両方を加える。ルールを破るということそのものが、いつの時代でもエンタメなんですね。だから週刊誌はルールを破った人を追うし、私的警察みたいな動きがあとからあとから出てきて、脱税、不倫、パワハラ、モラハラなどルールを破っている人がいないか、過去に遡って本人だけでなく家族まで見張ったりして、見つけたら週刊誌にリークしたり、ＳＮＳに上げたりして、コミットしようとする。その私的な警察機構のイケニエになりやすいのが、目立っている人たちです。たとえば、若手で急速に人気が出た人ですね。

兼近　同世代ナンバーワンとか言われる芸人がそうですね。

中野　もう、目立つことが「事故」なんですよね。けれども、それをなんとかおいしくするということで生き延びていく。芸人さんというのは、つくづく大変な仕事だと思います。

女性にウケろ

兼近　なんとかおいしくする努力はしますが、自分ではどうすることもできなくても結果的においしくなっているということもあります。運がいいというか、周りに助けてもらえるんです。僕は決して炎上商法なんてしていないですけど、スキャンダルが噴出して炎上している最中は、もう、やるだけやってしまってくれと思いました。でもそのたびに、味方をしてくれる、理解してくれている人たちがいることがよくわかるんです。ありがたいなと思います。それでまたゼロからスタートする。

中野　兼近君は、過去が「暴かれる」というかたちで表出したとき、すぐに事実と事実でないことを峻別して事実だけを認め、それをどう考えるか、今の自分はどうかということを率直に自分の言葉で語りましたね。それは戦略を練ってそうしたわけではなく、普段からの兼近君のやり方なんですよね。

兼近 はい。事務所に指示されたのではなく、いつもの自分がやるようにしただけです。

中野 その素の姿をさらけ出したことによって多くの人に支持されているのだと思いますが、興味深いのはそもそも味方が多いというところです。芸人の先輩たちにかわいがられるし、好かれるんですよね。

兼近 人の運には恵まれていると思います。

中野 これは別の話ですが、よく練られた戦略としてスキャンダルへの対応が見事だなあと思ったのが、ある著名人が文春砲を浴びたときの対応でした。不倫を報じられると、電撃的に引退を発表したんです。その記者会見では涙を流して、恋愛ができる健康状態にないというこことまで言いました。世論は一気に、引退に追い込むなんて書く側が間違っているという流れになり、『週刊文春』の不買運動まで起こったんです。

兼近 人々をそういう流れにもっていく技術があるものなんですか。

中野 「大衆にウケるのと女性にモテるのはよく似ている」と言ったのはゲッベルスなんですが……。

兼近 ゲッベルス？

中野 ゲッベルスはナチスドイツの国民啓蒙・宣伝大臣だった人で、プロパガンダの天才といわれています。例示として引用するにはやや気が引けるところもありますが、知識として知っておくことも大事かもしれない。大衆の反応を研究し、今でいう社会心理学、行動科学のようなことをやっていたんです。サクラを仕込んでヒットラーが登場すると右手を挙げさせて大衆を扇動したり、制服をかっこよく見せる色とデザインに統一したり、そういうさまざまなギミックを考え出しました。そういったギミックは、大衆の反応が女性の反応によく似ているという考えに基づいたところもあるんですね。

兼近　現在でもそれはあてはまりますね。流行のカギは女性だし。タレントの売り方には、女性の支持を得るようにするというやり方が多いですもんね。まず、女性に支持されれば人気が出るということで。

中野　女性に疑似恋愛のような感情を抱かせることによって人気を博している人も多いですね。

兼近　芸人もそれに一致しますか？

中野　芸人さんこそ、まったくそれがあてはまると思います。たとえば、千鳥の大悟さん。

兼近　え、大悟さんは男性ファンが多いですけど。

中野　それはますます好感が持てますね。同性から慕われる人ってきっと人柄が素敵な人なんだろうなと思わせる。憧れのアニキみたいな感じですかね。必ずしも容姿がものすごく整っているというわけではないのかもしれないけれど、実に色気があって、きっとこの人といたら楽しいだろうなと思わせる雰囲気でいっぱいです。
　かまいたちの濱家（隆一）さんも女性に人気があります。

兼近　エグい人気ですよね。

中野　『anan』（マガジンハウス）の表紙でそのシックスパックを披露したり、女性アイドルとダンス&ヴォーカルユニットを組んだり、痛風で杖をついて歩いているところさえかわいいと言われる。

兼近　えーと、僕も『anan』の表紙で前をはだけています（笑）。大悟さんも表紙になりましたね、ヤギと一緒に。濱家さんももう一度、表紙になりました、相方の山内（健司）さんと一緒に。女性に支持されるのは、イケメンとは限らないんでしょうかね。

中野　DRD2という遺伝子がありまして、この遺伝子がAA型というタイプの場合、その女性は相手を見るとき、外見的な魅力を重視する傾向が強いと報告されています。日本人女性の場合、12パーセントの人がこのタイプの遺伝子を持っているとされています。

兼近　え、12パーセントですか。面食いの女性は意外に少ないということですね。

中野　兼近君も女性ファンから「かっこいいから好き」とは言われないのではないですか。

兼近　一度も言われたことないです。

中野　女性は相手に見た目のよさを、男性が思っているほどは求めないいんじゃないかな。逆にというか、美人でも自分に自信がない人もけっこういるし、その反対のパターンもあります。いろいろな研究があるから一概には言えないのだけど、実際の容姿と自信とはあまり関係がないというデータがあるのはおもしろいと個人的には思うかな。女性の6〜7割が自分は恋愛弱者だと感じているけれど、そのすべてが決して容姿が悪いなんてことはない。一方の自分が恋愛強者と信じている3割の女性も、実は特に容姿がいいというわけでもないという。言い方が大変難しいのですが、容姿が極めて魅力的というわけではない……。

兼近　僕は女性の容姿については、たとえ容姿がよくても何も話さないことにしています。

中野　賢明ですね。一般的にはあまり容姿が優れているわけではないとみなされている雰囲気の女性が美しい文字で手紙をしたため、日常にはめったにお目にかからないほど上品な言葉遣いでブログを書き、親しくなった男性たちにおカネを貢がせたという「平成の毒婦」事件は、まだ記憶に新しいところです。

兼近　確かに美しい文字や言葉遣いでグイグイ来られたら、僕も貢いでしまいます、きっと。

中野　そんなこと言ったらファンレターが今以上にいっぱい来ちゃいますよ（笑）。この男性たちは殺されちゃったんですけどね。

兼近　あ。そうでしたね……。

芸人は逆ルッキズム

兼近　男性からは「かっこいいから応援できない」と言われることがあります。ＥＸＩＴとしてテレビに出始めてめちゃめちゃスベって、大暴れして嫌なチャラ男と思われていた時期は、男性ファンがすごく多かったんですよ。今はパーソナリティをやっている『オールナイトニッポンＸ』（ニッポン放送）の男性リスナーから、「もう無理です。応援はできない」どころか「いなくなれ」とまで言われます。

中野　「いなくなれ」っていうのはもう「大好き」っていうのと一緒だね（笑）。それは兼近君がすべてを手にしているヤツだと思われているからですよ。

兼近　僕は芸人になりたての頃、見た目をよくしてどうすんだよ、おもしろくねえなとずっと言われ続けて、ものすごくコンプレックスがあったんです。だからチュートリアルの徳井（義実）さんやピースの綾部（祐二）さんのようにイケメンの人たちの漫才や立ち居振る舞いを常に凝視して、見た目を使わない笑いのとり方を研究していました。それでわかったのは、全員に共通していたのが「気持ち悪い」。

中野　気持ち悪い⁉（爆笑）

兼近　徳井さんは、女好きの変態キャラクターを前面に打ち出す。綾部さんは、気持ち悪いぐらい熟女好きだというところをアピールする。こういう性的な気持ち悪さをあえて出すことで、嫌われなくて済むんだと思いました。

僕も坊ちゃん刈りにしたりして見た目を気持ち悪くして、裸にもなって、僕なりにめちゃめちゃ頑張ったんですけど、もっとすごい人がいるんですよ。アインシュタインの稲田（直樹）さんとか、特化しているので、敵わないんです。

中野　稲田さんて確かに、唇をわなわなと震わせるだけで笑いがとれる。本当に才能を感じます。

兼近　わざとらしくないんです。何もしていませんよ、天然ですよというあの感じは僕にはつくり出せないものでした。そもそも見た目の悪さで戦おうというのが厚かましいというか、痛々しかったんだと思います。それではウケるはずがないです。

反省の末にたどり着いたのが「チャラ男」でした。仕方ないから、自分がいちばん嫌いなチャラ男をやるしかないという、いわば苦肉の策だったんです。髪の色もどんどん派手にしていって、ピンク色に至りました。

先ほど中野先生がおっしゃった、ダメージまでにはならないマイナス要素をつくることに僕も試行錯誤してきたわけですね。

中野　マイナス要素をつくる際、たとえば東大生がおバカキャラをやるみたいなことはすごく嫌みですよね。

兼近　嫌悪感しかないですよ。本当はできるんだろう、バカにしているのかと言いたくなります。

中野　そもそも不自然ですしね。高学歴芸人といわれる人たちもいろいろ策を講じているのでしょうね。

兼近　高学歴芸人も気持ち悪い面を押し出したり、マイノリティ感をうまく出したりします。カズレーザーさん（同志社大学出身）はすごく上手だなと思います。「両刀づかいです」と言ってみたり、最近では「インポテンツです」という新手の技を出してきました。

中野　絶妙ですね。たとえば、高学歴の人がクイズ番組に出て答えられないことが、ままありますが、あれはガチでできない問題が出るわけですよね。

兼近　ガチです。あれは高学歴の人がおバカキャラに負けるという画が欲しいんですよね。観ている人は、おバカキャラがこてんぱんに負けているけど1問だけ勝ったというのは、もうたまらなく愉快ですよね。僕はそのおバカキャラ枠でずっと出ていました（笑）。何とか1回勝たないと、おいしい画が撮れませんから、僕らの責任は重大なんです。

高学歴の枠の人のうち、クイズのセミプロのような人は1問でも負けると本当に悔しいと思うんですけど、高学歴芸人の場合は自分が負けて「なんやねん！」ってやりたいんです。

そのほうがおもしろい画になるし、まさに、ダメージまでにはならないマイナス要素を見せることになるから、おいしい。ロザンの宇治原（史規）さん（京都大学出身）とかその画を欲しいわけだから、なんとしても僕が正解して先輩においしい思いをさせなければなりません。

たとえば漫画やアニメの『北斗の拳』（画：原哲夫、原作：武論尊、ゼノンコミックスDX）のこのシーンの台詞は何か？　とか、ものすごく局所的な問題、細かすぎる問題が出るんですけど、実はこういう問題は高学歴の人は苦手です。そこまで熱くなって観ていないからです。おバカたちは夢中で入り込んで観て覚えているので、答えることができる分野なんです。ですからこれからもアニメを観て、漫画を読んで精進します。

EXI＊？

中野信子

はじめてＥＸＩＴのふたりに会ったのは２０１９年でした。『ホンマでっか!?ＴＶ』にレギュラーとして彼らが加わるようになったのが２０２０年ですから、それより前に何度か来ていたはず（テレビ番組では、いきなり知らない人にレギュラー交代ということはあまりなく、制作側が様子を見るために呼ぶことが通例という認識です）で、その回のうちのどこかで私自身も彼らと直接やりとりし、彼らについて言及するということをした記憶があります。

いや覚えていないわけがないんですけど、どうもＴＶ出演というのは中野としては、ひどい失敗というのはそれほどないにしても、自分で「会心の出来!!」と思えるようなこともあまりなくて、細部までくっきり思い出したいかというとちょっとそこは霧の中にしておきたい的な気持ちがなくもないというか……。改善の余地しかない。

さて、EXITのふたりは独特の新しいスタイルを持ったお笑いユニットです。容姿とファッション性を前面に押し出して、「ネオ渋谷系」「チャラ男」というキーワードで売り出し中のふたり。

それでいながら、どこか、そのキーワードにそぐわないふたりの素顔がときおり、発言や振る舞いのスキマにチラつく。それが魅力でもあり、おもしろみでもあるというのがこのユニットの特徴でしょう。

今でこそ、それなりに親しくやりとりさせていただいていますが、大変恥ずかしいことに、中野はふたりに出会う前、彼らをEXILEのスピンアウト・ユニットなのかなと思っていたころがありました……(懺悔)。

歌とダンスの人のはずなのに、どうしてお笑いをやっているのだろう?

ネット記事で見かけるけれど、特にこの兼近という人は時事ネタへのコメントがおもしろいな。

切り口に凄みがある。

きっと頭がいいんだろう。

売り出しの戦略も的確だし。

いやあ確かにモテそうですよね。

あれ？　ＬＤＨじゃなく？

えっよしもと？

んん？

……。

…………。

ああもう、恥ずかしい……。業界の構造も何もあったもんじゃない。私のこの社会性の薄さ、認識の甘さ。

みなさんこんにちは、ダメ人間中野です。

それなのに、スタジオでお会いしたときには、すでに兼近さんは中野の本を読んでくださっていたのでした。もう、恐縮しきりでした。なんだか申し訳ないような気持ちになり、お荷物になりはしないか心配だったけれど、思い切って声をかけて、新刊をさしあげたこともありましたね。

その後、ご自身の学歴、来歴に複雑な思いを抱きながら書き上げたという兼近さん初の小説を持ってきてくださったときには大変うれしく、この人をますます応援せねばなあ、という気持ちを新たにしたものでした。

細かく挙げればきりがないのですが、兼近さんの、人の懐への入り方というのは本当に見事です。「なるほど兼近さんはこうやって味方を増やしていくのだな。この人たらしめ!!」とも、正直なところを言うと、思ったことがしばしばあったものです。

人たらしというかババ殺しというか？　ジジ殺しでもあるかな？

こんなふうに人の懐にスッと入っていく方法を、彼はいったいどこで身につけたのでしょうか？　誰もがいつの間にか味方にさせられてしまう。うますぎます。

そもそも、生まれつきその能力に恵まれていたということは当然あるでしょう。けれども一方で、彼はその方法を知らなければ生きていくことが難しかった、過酷な環境を生き延びてきた人でもあります。だからこそ、その能力が必要以上に磨かれてしまった、という側面もあったかもしれない。

よくよく観察してみれば、人の懐に入っていくようでいながら、絶妙のタイミングでサッと引いたりもする。これを、猫のように無意識にやっています。こういうリズム感はけっこう加減が難しいのですが、パチンコなんかで体得したんでしょうか？　これは間欠強化といって、単調な態度をとられ続けるよりずっと相手の好意（と、時には執着）を惹起することができます。

この、人の懐にいつの間にか入ってきて、応援したい気持ちを引き出していくというのを、相手をひとりに限定せず、大衆向けにやったらどうなるか……それが今、みなさんが目にしている、EXITの躍進劇を支持する構造の裏にあるものです。

「『誰かを応援する楽しみ』を惜しみなく提供する」という、誰もができそうでいてできない、おそらく人類が存在する限り廃れることはないはずの、無類の強力な方法論を使って、兼近さんは唯一無二の存在になったのです。

本書には、「お笑い」の範囲を拡張し、やや逸脱もしながら、「困難で不確実な状況を生き延びるためのスキルを兼近さんに学ぶ」という裏テーマが隠されているのですが、読者のみなさんにはその観点から、本書を何度か読み直してみて、そのエッセンスの幾分かでも、ぜひみなさんの日常生活に活かしていっていただきたいと思っています。

しかし、なんという才能でしょう。かねちー、恐ろしい子……！（白目）

第2節　脳が感じるお笑い

中野　さて、緊張の緩和、共感、ギャップ感はいずれも脳で感じるものですから、脳は笑いをどのように誘導するのか、そのおおまかな経路をご説明しましょう（図3－1）。

兼近　いよいよ脳をいじくる系のお話ですね。

中野　脳をいじくるって怖いね（笑）。まあ、Happy Pillsという見方をすれば、人を笑わせることは脳をいじくることであると言ってもいいのかもしれない。

笑いのカギを握る側坐核

まず、知覚――すなわち笑えるような言葉や事象が目や耳などから入ってくると、その情報は記憶を司る「海馬（かいば）」という部位に送られます。海馬はそれを過去の記憶と照合して、新しい情報か否か判定します。そのあと、「扁桃体（へんとうたい）」に情報を渡します。扁桃体は、それが危なくないか、不快でないか、の判定をします。続いて「側坐核（そくざかく）」に情報は受け渡されて、これは「快」であると判断されるとドーパミンが分泌されます。

側坐核から「視床下部」に、「これは快です」という情報を流します。視床下部は「顔面神経核」に信号を送って笑う表情をさせ、「橋（きょう）」に信号を送って笑い声を出させます。

図3-1　笑いを誘導する脳の回路

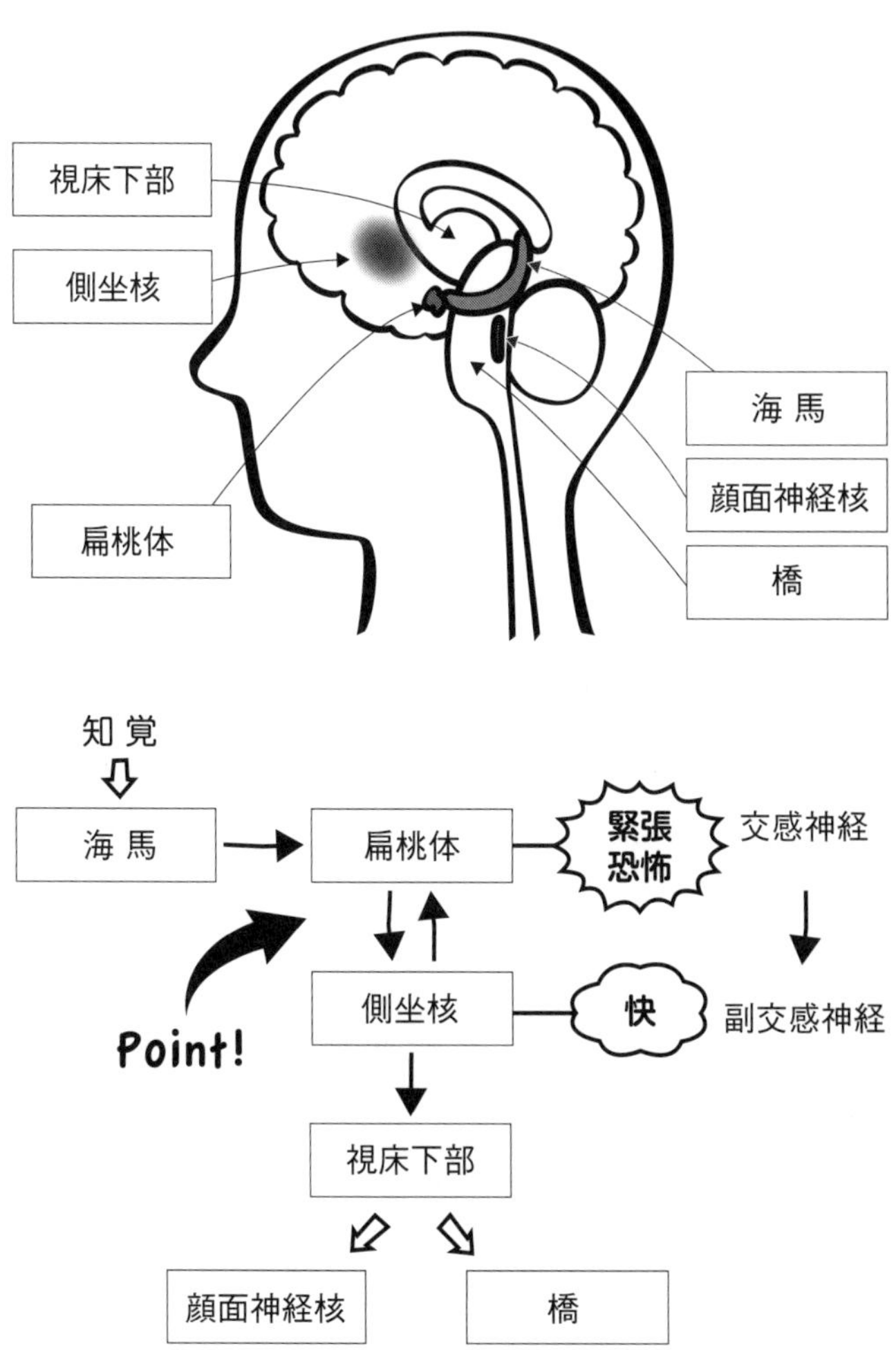

ざっくり言うと、これが「ウケる」までの流れなんだけど、ちょっとややこしいか。「おもしろい」と感じるときだけでなく、たとえばパチンコで大当たりしたときも同じだよ。まあ笑い声は出ないかもしれないけど……側坐核は当たりを快と判断し、ドーパミンが分泌される。パチンコ好きなら、体感としてわかりますよね。

兼近　よくわかります。フィーバー（数字が3つすべて揃う）すると、自分も本当にフィーバーします（笑）。

中野　ただ、扁桃体は緊張や恐怖を感じると活性化するという特徴があって、この流れで交感神経が刺激されてしまうんだよね。交感神経は私たちが覚醒して活動しているとき、副交感神経は睡眠中やリラックスしているときに優位になるというのが基本なんだけど、この、覚醒時に働く交感神経というのはストレスとか不安でも活性化しちゃうんです。不安なときや怖いときに胸がドキドキするのは、交感神経が心拍数を上げさせているので、扁桃体はあまりにも活性化しすぎる、つまり緊張しすぎたり怖がりすぎたりすると、側坐核に情報を伝えないらしい。

兼近　それでは快は生まれませんよね。笑いの「緊張と緩和」においては、最初は緊張させておくことが必要だから扁桃体がいったん緊張するのはいいんですが、それを一気に緩めることで笑いを起こすには、側坐核に情報を流してもらわないと無理ですよね。

中野 そのとおりです。

たとえば、子どもの運動会の親子リレーで「よーいドン」を合図にいきなりお父さんが逆走し始めたら、大丈夫だろうかと心配になるし、その不安が先に立つからぜんぜんおもしろくならないですよね。何をふざけているんだと怒りを買うか、様子がおかしいから警備員を呼ぶか病院に連れていくかという話になりそう。でも、明石家さんまさんは別格で、もう自分のパブリックイメージを使えるわけですね。お子さんの運動会でそれをやってグラウンドで爆笑をとったという有名な伝説がありますよね。

とにかく明るい安村さんも、全裸に見せかけるという緊張を仕掛けておいて、実はパンツをはいていますよ、という定型のパターンがあり、その緩急と安心感がおもしろいわけですよね。もしこれを、何の前提もなしに一般の人が全裸で公衆の面前に現れたら、実はパンツをはいているのがわかったとしても、普通は警察を呼ぶことになるんじゃないでしょうか。

要するに、芸人さんはパブリックイメージや前提知識などをすべて駆使して、受け取り手の脳をいじりにいっているわけですよね。いかに情報を扁桃体から側坐核に流して、快にもっていかせることができるか。そういう勝負をしているのだと思います。

兼近 芸人は脳の笑いの経路とか、扁桃体や側坐核の存在も知らずに、それをやっているわけですね。

中野　それを安定的にやるのはとても難しいことで、こうして笑いの経路やシステムを解説していても、私には到底できませんよ。

兼近　サンドウィッチマンさんに至っては、富澤（たけし）さんにしても伊達（みきお）さんにしても見るからに緊張と恐怖しか与えないですよね。

中野　あのいかつさを、そのスキルの中に組み込んでいるんですよね。緊張感を与える容姿の圧を十二分に活かしきったうえで伊達さんは「カロリーゼロ」という奇天烈な理論を展開するので、そこに絶妙なおもしろみが生まれるという……。カロリーは熱に弱いから油で揚げてあるものはカロリーゼロ、カロリーは中心に集まるからバウムクーヘンはカロリーゼロという、無茶苦茶なんですけどその無理さ加減がまた、おかしみを増すんですよね（笑）。

兼近　一般の人であの見た目だったら、どんなに奇天烈でおもしろいことを言われても緊張と恐怖が解けません。側坐核は働かないですよ。でもあのふたりはめちゃめちゃおもしろいだけでなく、好感度ナンバーワンです。それはなぜなのか。

単純接触効果でじわじわ笑える

兼近　この脳の組織図（105ページの図3－1）で僕なりにすごく腑に落ちたことがあります。先ほど、知らない人がふざけるのを見ても嫌悪感を覚えるだけだけど、よく知った友だちのおふざけはおもしろいというお話をしました。あれは、よく知っている相手だという安心感があるから緊張も恐怖もなく、知覚の情報が扁桃体から側坐核に流れやすいからではないかと思ったんです。

テレビで毎日のように目にする人についても同じことが言えて、だんだん身近に感じられるようになって、よく知った友だちに覚える安心感に似たような感覚になっていくのではないか。サンドウィッチマンさんはテレビで観ない日はないから、もう友だちに近い存在になっていて、さらに優しさとか人間性が溢れ出るものがあるから、扁桃体も怖がらない。安心して側坐核に情報が流れるようになっていて、だからおもしろがれるのではないかと思うんですが。

中野 素晴らしい。兼近君、天才じゃないの。

「よく知った友だちのおふざけはおもしろい」というのは心理学的にも裏付けられることなんですよ。心理学の用語ですけど、ある対象に反復して接触することで、その対象への好意が高まる現象を「単純接触効果」といいます。初対面の人と会うと緊張するというのはよくあることですよね。知らない人に会うとか、知らないものを見るとか、海馬が初めての刺激を受けると、最初は緊張や恐怖を覚えるんです。けれども、くり返し接すると、その緊張は次第に軽くなっていきます。おっしゃるとおりで、テレビで何度もその人を見ていると、単純接触効果によって親しみ、安心感を抱くようになると考えられます。疑似的な友だちのような存在として認知されるというかね。

脳の組織図で説明すると、扁桃体から側坐核に情報を流す際、その通路には行く手を塞ぐ見えない山があるようなものなんです（図3－2）。その山が、単純接触効果があると小さくなっていくので、側坐核に情報が流れやすくなるというのは、確かにそのとおりなんだよね。兼近君、素晴らしい気づきです。

兼近　いやいや、中野先生の生徒・兼近ですから、ご指導の賜物です。

中野　それから、くり返し言われていると、なんでもないことのはずなのに、なぜかおもしろくなってしまうというのもありますよね。

ミルクボーイさんが、おかんの好きな朝食が何なのか思い出そうとして、「コーンフレークやないんかい？」「コーンフレークちゃうやないかい！」を数秒おきにくり返す。1回言うだけではさほどおもしろくないけれど、何回も言うとじわじわおもしろくなってきてしまう。これも一種の単純接触効果ですね。

兼近　同じフリやボケ、ギャグを畳みかけるようにくり返して笑いをとることを業界用語で「テンドン（天丼）」と言います。むかしからある手法ですが、これも心理学的に裏付けできることだったんですね。

図3-2　扁桃体と側坐核の通路に山がある

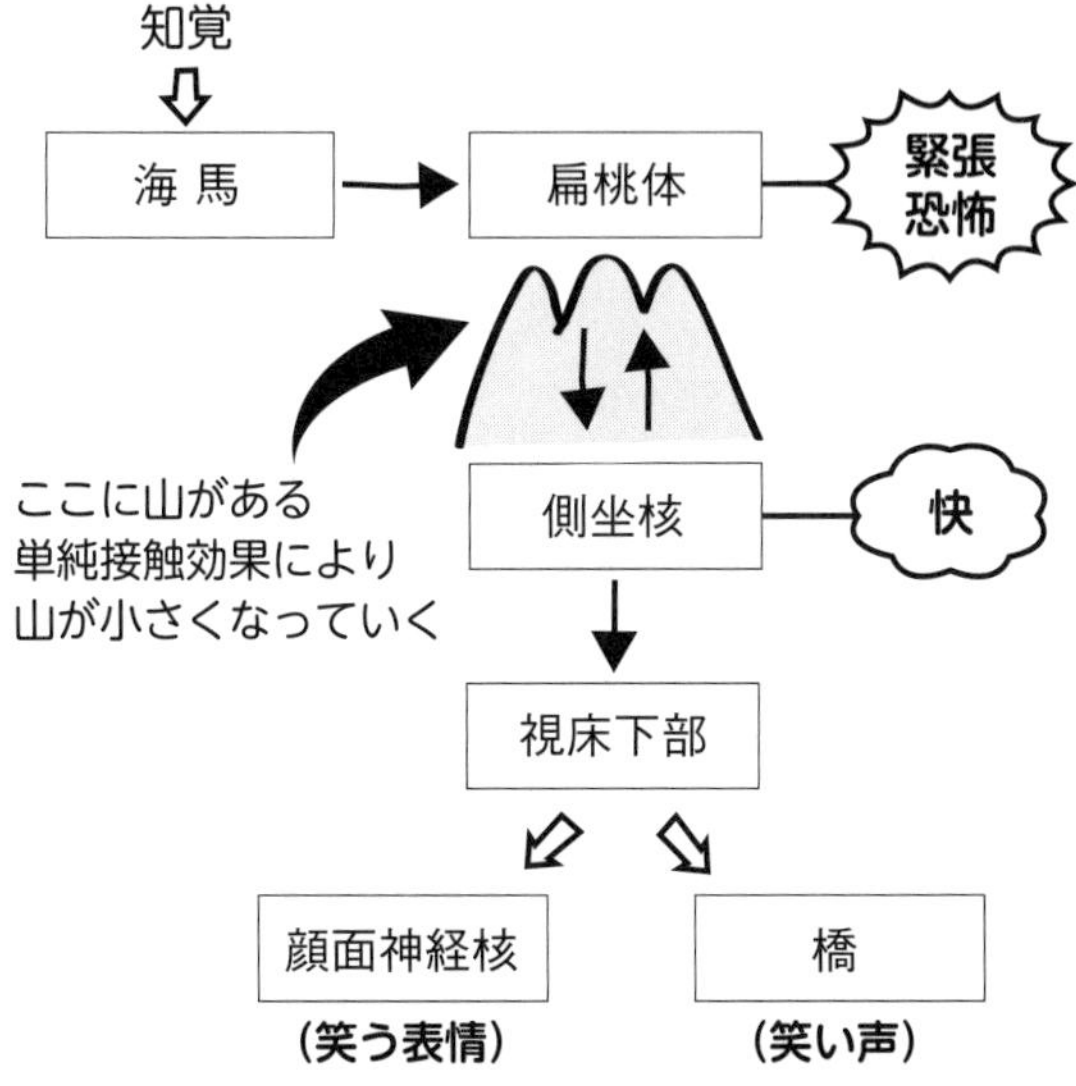

中野　そういうことになりますね。ほかには、あまりよく知らない人の顔の印象が、よく知っている人の顔に一気に近くなるというのでも、笑いが生じますよね。たとえば、さんまさんに「誰か有名人と間違えられるか？」と聞かれた錦鯉の長谷川（雅紀）さんが、「森泉」と即答しました（笑）。ああ確かに、似ているよね、と思った瞬間、噴き出してしまいます。

兼近　あれは爆笑でした。知っている人に似ていると認識したことで、扁桃体が安心するわけですね。スキンヘッドのおじさん芸人が、キレイなモデルさんでしかもセレブという、あまりにも思いがけない人の名前を挙げた、裏切りの笑いでもありました。

中野　そうですね。長谷川さん、お見事でした。

兼近　でも単純接触効果については、僕はちょっと気になる点があります。友だちのおふざけはおもしろいけれど、たとえば学校でこれをくり返して人気者になると、絶対にその人を苦手とする「アンチ」が現れませんか。

お笑いの場合、大衆にウケるようになると、ある一定の層にウケなくなってしまうんです。EXITもテレビに出るようになって、多くのみなさんに知っていただけるようになって、街なかで「いつも観てるよ」と声をかけてもらえるようになったんですけれど、もともとアンダーグラウンドで応援してくれた層には嫌われてしまったんです。熱という意味では、あまりテレビに出られずライブだけやっていた頃のファンはとても熱かったので、そういう人たちに嫌われるのは残念です。

中野　先ほど、タブレット純さんのファンが純さん本人に、「あまりバカ売れしないでほしい」と頼んだというお話をしましたが、最初の頃のファンからすると、売れると変わってしまうように感じるのではないでしょうか。

兼近　変わってないんですけどね。

中野　「大衆に媚びやがって」とか言われますよね。

兼近　言われます、言われます。彼らは大衆が嫌いなんですね。音楽の世界でもそういうことがありますよね。

中野　「メタリカ」はその典型ですね。現役で活躍しているスラッシュメタルの大御所バンドですが、かつて大衆に支持されて全米1位になっていく過程でコアなファンは離れ、曲調が変わったことを批判され、「原点に戻れ」という署名運動まで起きました。どの世界でも、マイナーとしての地位とメジャーとしての可能性というものはトレードオフと言えそうですね。

兼近は小脳に憧れる

中野　笑う側の人、つまり笑いの受け手の脳から見てきましたが、次に笑いの送り手の脳について考えてみましょう。

芸人さんは、ネタではなく平場でも瞬間的にボケたりツッコんだりして笑いをとりますが、しかし、目や耳から情報が入って、視覚野や聴覚野に届いて、それが言葉になったり動きになったりするまでに、0・8秒ぐらいかかるんです。

兼近　思ったより遅いです。

中野　けっこう時間がかかりますよね。

脳の前頭葉のＤＬＰＦＣ（背外側前頭前皮質）は計画を立てたり計算をしたりするところで、知能のセンターといわれています（図４）。こういう構図をつくってものを言ったらウケるな、と戦略を立てる場所がここなんです。将棋を指す人の場合も、ここを使って戦略を立てながら指しています。

ただし、それはアマチュアの場合で、プロの棋士は前頭葉ではなく、なんと小脳を使います（図４）。小脳とは、ちゃんと体の各部位が正しい動作をしているかチェックして調節を担っているところです。

兼近　え～っ。

中野　すごいですよね。要するに、一生懸命戦略を考えてではなく、感覚で指しているんです。

兼近　ああ、僕はそれができるようになりたいとずっと思っているんですよ。

中野　そうでしょう。前頭葉を通すとおもしろいことを言うまでに０・８秒かかるけれど、通さなければ０・１～０・２秒しかかからないはずで、この違いは反応の速度の違いとして体感的にもわかるのだと思います。

兼近　考えずに感覚的におもしろいことを言えるようになりたくて、10年ぐらい前から自分なりにいろいろやっているんです。たとえば、メニューが出てきたら考えないですぐ、食べ

図4　前頭葉のDLPFCと小脳

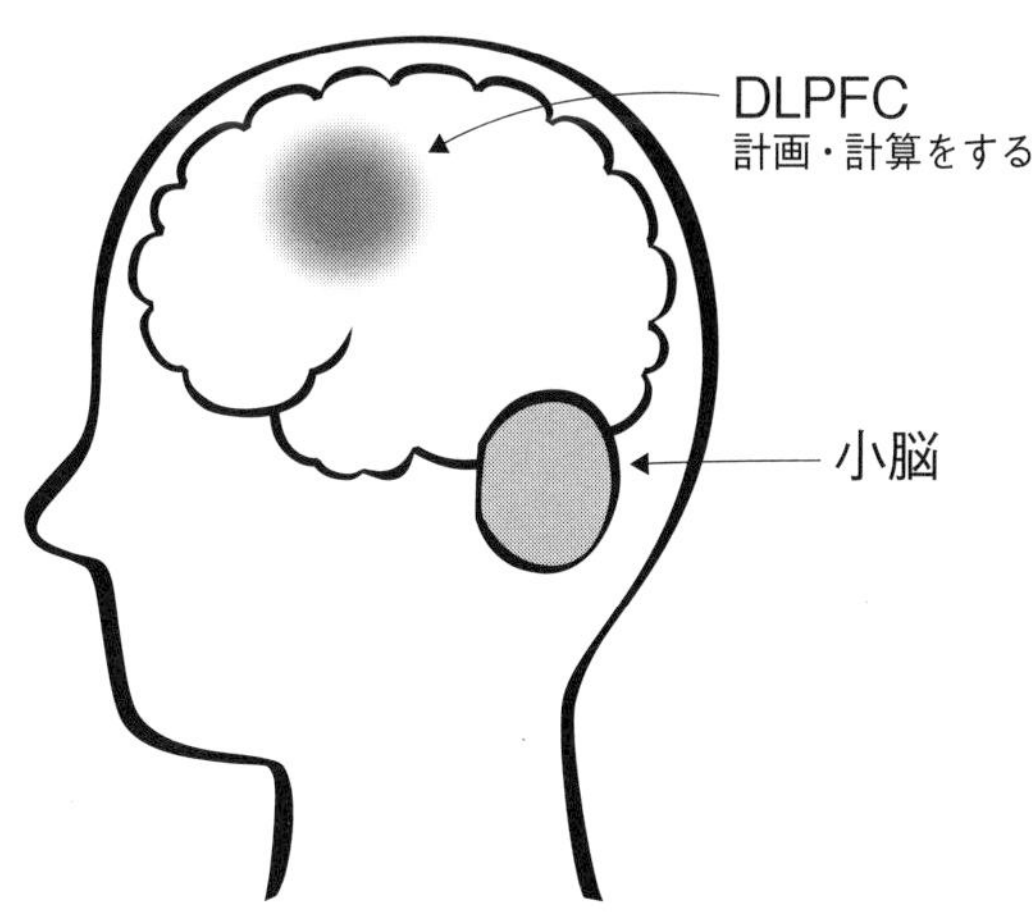

るものを決めたりして、即決癖をつけるようにしています。

中野　なるほど、それはDLPFCを通さないという訓練をやっていることになりますね。

兼近　さんまさんは常に速さが大事だ、何でもいいから言えって言うんです。僕はそうしたいんですけど、まだできない。今は挑戦している段階でしかないから、反射的に言ったひと言がウケた場合、どうして今のがウケたのか、このひと言がなんでおもしろかったのか、考えなければいけないんですよ。

だから、僕はお酒は飲みません。飲むと考えられなくなってしまうので。そもそも23〜24歳ぐらいのときにお酒はやめました。先輩たちから、芸人は酒の席で女の子と話しておもしろいものをつくっていくと聞いていたので、芸人になりたての頃はそうしようとしていたんです。でもお酒を飲んでしまうと、何がおもしろかったかとか、女の子がどういうおもしろいことを言ったかとかを覚えていられないし、書き留めることもできないと思ったから、飲むのをやめたんです。

中野　その判断は正解かもしれませんね。アルコールを飲むと、まさにＤＬＰＦＣがスイッチオフになってしまうので。それがいいという人もいるんですけど、計画とか計算とかを重視したい場合には、考慮の余地があるかもしれない。

兼近　だから芸人の場合、おもしろくなった人しかアルコールを飲んではいけないんですよ。おもしろくなった人というのは条件反射でおもしろいことを言える人のことで、そういう人は酔っ払っていてもおもしろいことが言えるんだなと、うらやましく思っていたんです。それは小脳を使っているからＤＬＰＦＣがオフになっていても影響を受けないということなんですね。

中野　確かにそうですね。酔っ払っていても小脳は働きますからね。

兼近　さんまさんはきっと小脳を使っている人なんですね。反応の速さ重視でやってきたから、使えるようになったのではないでしょうか。30代の半ばからお酒を飲み始めたとおっしゃっていましたが、その頃おもしろい人になれたということなんだと思います。僕はまだ飲めないですね、まだ「おもしろくない人」なので頭を回さなければいけませんから。

中野　兼近君はね、少なくとも理解はびっくりするほど速いんですよ。いつも驚かされています。

スベる芸人の脳

兼近　反射的におもしろいことを言うということに挑戦していると、スベるというか、ただ自分は変なことを言っているなという状況になることが多々あるんです。そうなってしまった場合に、じゃあどうやってこの状況を打破するひと言を出すかという能力が問われることになります。

　これを打破するのが断トツにうまいのが狩野英孝さんです。よくスベるんですが、その後で何を言えばいいかをおそらく感覚でわかっている。

中野　確かによくスベっているのを見る気がしますが、なぜかおもしろいですね（笑）。狩野さんって、不倫したり二股交際だか三股交際だかしたりしても、なんだか嫌われない人なんですよね。

兼近　狩野さんはもともとミュージシャンになりたくて学生時代は路上ライブもやっていたんだけどちょっと無理で、俳優をやりたくて映画学校の俳優科で勉強したんだけどちょっと無理で、でも何とかしてスターになりたかった人なので、お笑いの構造とかよくわかっていなかった。鉄板ネタの「ラーメンつけ麺僕イケメン」はお客さんがツッコむネタなのに、それもよく理解してなかったそうです。途中で、あっそうか、だからウケるんだと気づいたとおっしゃっていました。

テレビで人気が出始めたときも、なんだかわかんないけど自分の失敗をみんなが笑うから、狩野さんは練習するのをやめたんです。それまでは一生懸命練習して、それでも失敗して、なぜか盛り上がっていた。でも失敗して笑われるんだったら努力しなくていいと思ったんですね。そうしたらウケなくなったんですよ。努力した跡が感じられるからこそ、みんなが笑ってくれていた。つまり努力はフリだった。フリをつくらなくなったら、それはおもしろくないということに、テレビに出てめちゃめちゃ売れている時期に気づいたんですから、たぶんあの人はすべて感覚でやっていて、つまり何も考えてない（笑）。

中野　それは小脳を使うというより、扁桃体と側坐核をつなぐ通路にある「見えない山」の勾配がなくなってしまって、平坦な通路になったということなのかなあ（111ページの図3－2）。

兼近　狩野さんはみんなからイジってもらっておもしろくするタイプ。同じようにみんなにイジられるリアクション芸人の代表格としてお馴染みの出川哲朗さんも、もともと映画専門学校を出て劇団も主宰していたという役者志望の人です。芸人になろうと思って世に出てきた人ではないんです。

　僕は出川さんや狩野さんのタイプの人間ではありませんから、スベったときの打破の仕方は、考えに考えないとできないんです。

中野　先ほどからＥＸＩＴは時事や社会問題を取り上げると紹介してきましたが、政治的なことも言うようだけど、寸止め感があります。意見は言っても主張はしませんね。

兼近　過激なことを言って笑いをとるというやり方はしていません。基本的には浅めのところを言って、みんなが共感できるようなところ、あるいはあえて共感できないことを取り上げ、そのいいバランスをとりながらやっているつもりです。僕らが深いこと言ったらおもしろくないので。

中野　そのさじ加減を見事だと思っている人は多いと思いますよ。過激なことを言えば言うほどメディアは喜ぶし、大衆も一瞬バッと湧くのですが、それをしないというのはなかなかですね。

兼近　芸人が言いすぎてしまって、客が笑いにくくなるという見本をいっぱい見てきましたから、ここまでならおもしろい、これを越えるとあまりおもしろくなくなってくるというラインは見極めます。僕はお笑いになるかどうかしか考えていない、お笑い一本槍なんです。

中野　なんかかっこいい。感動した！

地アタマって何？ Part2 中野信子

IQが高く判定されているからといって何でもまんべんなくできるというわけでもない、というのは前に書いたとおりですが、中野には得意なことと苦手なことにかなりのムラがあります。

まあ、これは中野に限った話ではないでしょう。きっと誰もがそうだろう、と思います。誰にも、得意なことと不得意なことがある。

そして、すべての得意と不得意には理由があります。

それはそうでしょう、不得意なのはその人の努力不足でしょう？ あたりまえのことなのに、いまさら何をと半ば呆れ気味に言う人がいるかもしれません。

でもね。

それでは、なぜ得意になるまで頑張り切れるタイプの人と、頑張り切れずに途中であきらめがちなタイプの人がいるのでしょう？

その人の性格の問題？　意志が弱いから？　「根性」とか「気合い」が足りないから？

（ちなみに中野はこういった言葉が大嫌いです。）

まあ、そう言っても差し支えないのかもしれませんが、ちょっと問題解決を試みるには、この言い方で止まってしまうと解像度が粗すぎるんですよね。

性格の問題に帰属し、その人の属人的な問題に責任を負わせて、そこで満足して思考停止してしまっている、発言者が自身の知的怠慢を自覚できていない様子が滲み出ている言い方だな、と個人的には感じます。おっとこれは言いすぎたか……。

もし、そもそも、努力をする能力に生まれつき差があったら？

さらに環境要因が加わって、努力が難しい状況に追い詰められてもいたとしたら？

それは、単純に意志の強さとか性格とかのせいにしてしまっていいものなんでしょうか？

遺伝子を調べればわかるのですが、中野は「努力の才能に乏しくなる遺伝子」を持っています。ちょっと残念な響きですね。

この遺伝子の持ち主は、努力がまるきりできないというわけではないのですが、「これをやれば必ず得をする」ということがはっきりしていないと、努力を途中でやめてしまう傾向にあります。これには、脳にある、島皮質（とうひしつ）という部分が関係していることがわかっています。

中野は確かに遺伝子のとおりで、頑張っても報われない、あるいは実入りは少ないだろうといったん見限ってしまうと、そこから先を頑張ろうという気力がどうやっても1ミリも湧いてこなくなってしまいます。

そうなるともう、そのことは消毒用エタノールが蒸発するくらいの速さであっさりと忘れ去ってしまい、さっさと他の領域に関心が移っていきます。びっくりするほど粘りがない。

これは、生まれつきの性質ですから、もとから目が茶色いのを青く変えることができないように、変えようと思っても難しい。まあ、たまにカラコンをつけるようにして、努力家の「ふり」をすることくらいはできるかもしれませんが。

一方で、頑張れば報われる、大きなリターンがある、という確信がある場合には、結果が出るまで、それなりの馬力で頑張ることができます。

結果を計算して努力の度合いやコミットメントのレベルを細かく変更してしまう、中野のこういうところを見て、小学校の先生は「利己的」と通信簿に書いたのかもしれません。

なぜそんなことを小学生の、親の見るものにわざわざ書いたのか（あとで母親が気にして、大人になってからも延々とこのことで嫌味を言われ続けたというオチ）、先生にこの先、理由を聞きにいってみてもいいのですが、たいして利益が見込めないのできっと中野が実際に聞きにいくことはないでしょうね。

どちらかといえば、利己的というよりは、「面倒くさいことが何よりも嫌い」といったほうが正確かなとは思うのですが。

おっと。

努力はあっさりと放棄されるのに、傷ついた記憶はいつまでも保持されて執着をそそられてしまう。これは、記憶力のネガティブな側面ですよねぇ……。少なくとも直観像記憶を失ったことはむしろ福音だったのかもしれません。

ところで、兼近さんは、努力についてのこの性質、どっちなんでしょうか？

意外と努力家な一面もある。

けれども。

行動を拝見していると、リターンが見込めなくても愚直に頑張り続ける、という感じではなさそうだなあ。多方面で活躍の幅を広げているし、未知の領域に次々と斬り込んでいくほうが得意で、やっぱり先が見えない状態で面倒くさいことを一途にやり続ける、というのは苦手なのかもしれない？

きっとそうではないかな、と思わせるフシがいくつかあります。また、それこそが「地アタマのよさ」を下支えする要素として効いていると考えていいものかもしれない、とも思います。

面倒くさいことをやらなければならないとき、兼近さんはそれを大まかに分けて3通りの、いずれかの方法で処理しているように見えるんです。

またこれが信じられないくらい処理が速いんですよね……。この処理速度の速さも、分析しようと思えばできるものではあるのだけど、みなさん兼近さんのことをどこまで知りたいですか？

ところで、3通りの方法というのはこんな感じです。

やらなければならない正当な理由を編み出す。

なるべく角を立てず逃げ切る方法を考え、周到に準備する。

面倒くさくないショートカットを探す（そしてしばしば本当に見つけてしまうところに、個人的には凄みを感じます）。


書き出してみると結構シンプルでしょう？　誰でもできそう、と思うかもしれません。けれど、白紙の状態からこれをやってみるとなると、案外と難しいものですよ。

しかし、兼近さんはこれをスクラッチから自力で、とんでもない速度で、普通の人にはできない精度のよさでやるんですよね。

これも、営業妨害にならないといいけど……。

第3章

芸人の地アタマ

お笑いと偏差値

中野　大学院生時代に、お笑いについて先生と議論したことがありました。

兼近　へえ〜、東大の大学院ですよね。

中野　はい。先生は京大出身だったんですけどね。その、関西を知っている先生が、関西の笑いと東京の〝ウケる〟というのはまったく違うと言うんですよ。関西の笑いは、自分がどんなにスカしていようが偉そうにしていようが、ボトムアップで笑わされてしまう。おもしろいかどうか、頭で考える前に生理的な反応として笑ってしまうのだそうです。

兼近　よくわかります。大阪はずるいですよ。素人が普段からボケ、ツッコミをかまして切磋琢磨しているから、自然に鍛えられた完成形が芸人の世界に入ってきます。

中野　そうそう。子どもの育ち方からして違っていて、ブラジルの子どもたちがサッカーボールを蹴り回すように、大阪の子どもたちもお笑いを回している。吉本（興業株式会社）はそれを狙っているのではないか、と先生もおっしゃっていました。

兼近　そのとおりです。

中野　それに比べると、東京のお笑いはちょっと頭を使わなければいけないから、あまり大きくは普及しにくいという結論だったんです。

第1章で、兼近君たちはそういった地域性や情報リテラシーがどのぐらいの高さの層であるかということを考えて漫才をしているとうかがいました。ここからは、その「お笑いの層」というものについて考察していきたいと思います。仮定の話をするにあたっては、正規分布図という、平均値を軸として左右対称となる確率分布図を使います。

兼近　わ。数学ですね。

中野　偏差値という言葉はよく耳にしますよね。

兼近　学校の入試でしか聞いたことがないですね。学力とイコールの物差しというイメージだから、僕の偏差値はゼロ。

中野　いやいや原理的にそれはない（笑）。偏差値とは何か。総務省統計局はこのように説明しています。

〈例えば、数学のテストで58点、国語のテストで65点取ったとします。そのときどちらのテストの方がいい成績であるかは、テストによって平均点や点数の散らばりに違いがあるため、単純には比較できません。ところが、それぞれの偏差値を求めることで、この比較ができるようになります。

偏差値は、テストの成績の分布が正規分布であると仮定して、測定値の平均と標準偏差を用いて、平均が50、標準偏差が10になるように変換して求める値です。〉

兼近　説明の前半はよくわかりました。

中野　後半は偏差値の求め方についてなので、置いといて、つまり、偏差値によって自分の成績はテストを受けた人たち全体のどこに位置するかがわかるんですね。この例の場合、数学より点数が高かった国語のほうが成績がいいように見えるけれど、実は65点というのはみんなそのぐらいの点数はとっているという凡庸な成績で、数学の58点は実は上位2パーセントに入るとんでもなくいい成績だった、なんていうことがあります。

さて、この正規分布図（132ページの図5－1）は、グラフの横軸が偏差値です。偏差値は中央が50と決まっています。縦軸は人数の多さです。真ん中のCのゾーンが最も人数の多い、いわゆる普通の人たちですね。

兼近　へえ〜。

中野　横軸の1σ（1シグマ）、2σ（2シグマ）、3σ（3シグマ）……と偏差値が上がるにつれて人数がどんどん少なくなり、3σの地点が偏差値75――大学入試でいうといわゆる超難関大学に合格できる偏差値です。同じように反対側の－1σ（マイナス1シグマ）、－2σ（マイナス2シグマ）、－3σ（マイナス3シグマ）……と偏差値が下がるにつれて人数が少なくなります。

こうしてみると、Eのゾーンの人を羨ましいと思われるかもしれないけど、少し生きづら

図5-1　偏差値の人口正規分布図

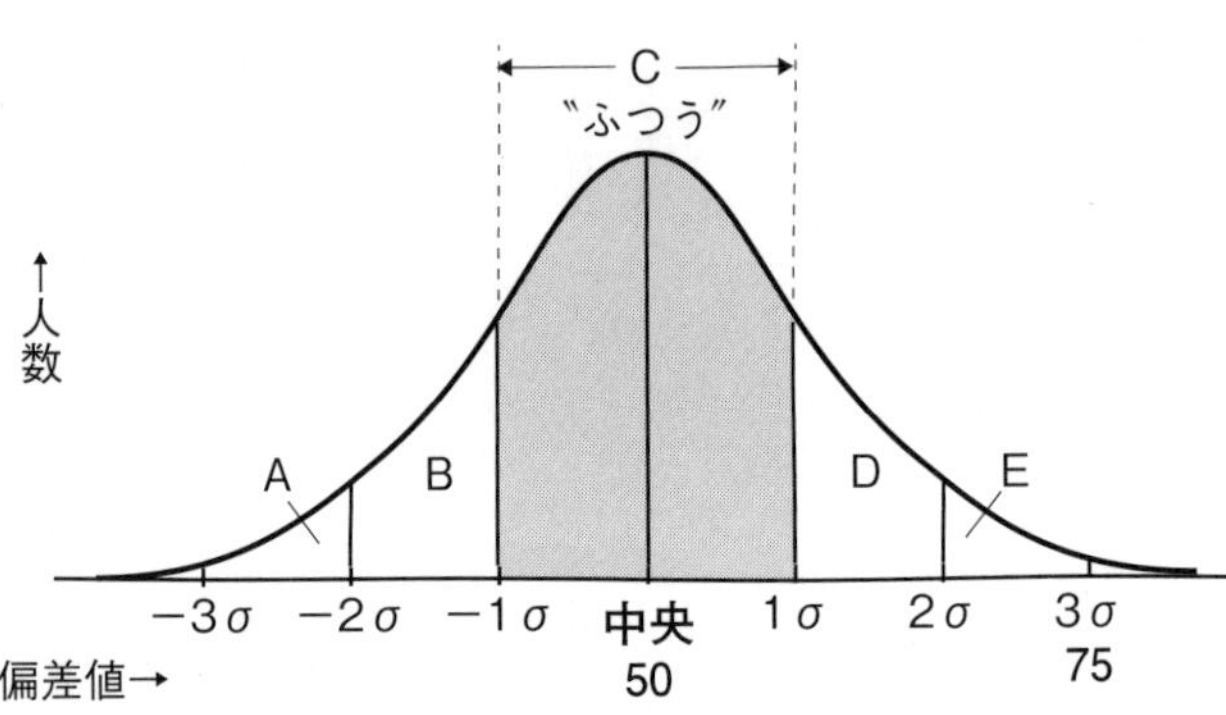

いかもしれないですよ。

兼近　そうですね、わかり合える人が少なくなってくるわけですね。

中野　鋭いですね。別のゾーンの人とは話が通じないということになりがちなんです。たくさんの人にウケて儲けようと思ったら、ボリュームゾーンのCをターゲットにすることになりますね。

兼近　僕のお笑いのイメージは、BとCの左半分で構成される①のクラスターがお笑いのターゲットになっていると思うんです（図5－2）。絶対的にお笑いが好きな人は①にしかいないのではないかと考えられるからです。

中野　なるほど。

兼近　でもEXITがやろうとしているのは、②のクラスターをターゲットにしたお笑いなん

図5-2　お笑い好きのクラスター

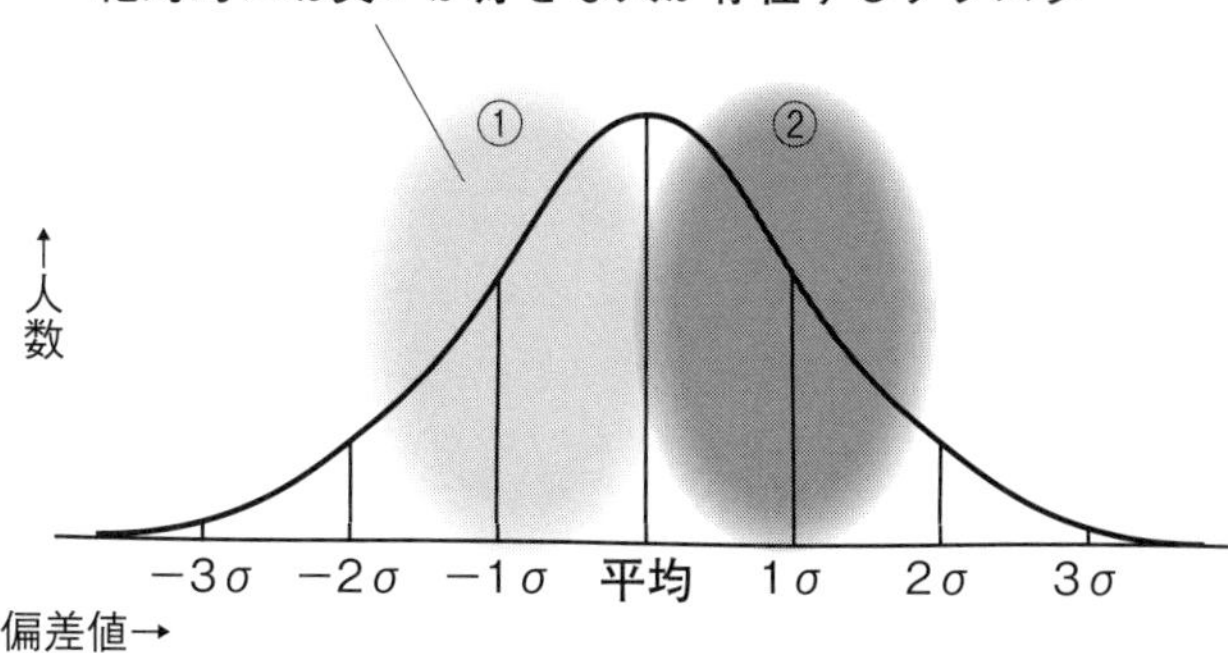

ですけどね。

中野　従来とはちょっと違うところを狙いたいんですね。

賢いことがバレた芸人

兼近　ただ、お笑いをやる側も観る側もごちゃごちゃしてきました。本来、「芸人」というのはA・Bゾーンにいる人がなる職業だったと思うんです。僕もA周辺にいる人でした。僕のような人がほかに特にできることもなくて、職業の選択肢が少ないからこそ、お笑いの世界に飛び込むというような時代があったわけです。それが気づいたら、芸人はD、ときにEゾーンにいる人として扱われ始めて、実際にD・Eゾーンにいる人たちが職業としてお笑いを選び始めました。クイズ番組で宇治原さんのライバルの藤本淳史さんとか、ヒラリー・クリントンのモノマネをする石井てる美さんとか、東大出身の芸人が何人もいますからね。もう学歴も偏差値も関係なくなってきたと思うんです。
中野　そうですね。その構造をつくったのは、私はビートたけしさんだと思うんです。
兼近　え〜っ、そうなんですか。
中野　たけしさんは「お笑いなんか」と自分の職業を卑下した言い方をしばしばされていますが、実は明治大学工学部に学び、数学が得意で、お兄さんの北野大(まさる)さんは明治大学理工学部の教授を務めていたということが世に知れわたり……。
兼近　賢いことがバレた。
中野　さらに映画を撮れば、カンヌやヴェネツィアの国際映画祭で賞を獲り、日本を代表する監督としてその実力が国際的に評価されました。いわば3σの人が①のクラスターに合わせてやっているんじゃないかということが、疑われるような構図ができちゃったわけですよね。

その構図を継承したのが松本人志さんではないでしょうか。いかにも底辺、というていでやるんだけれど、実は非常に論理的だし、また戦略的で、先駆的で、次々に新しい試みをヒットさせてこられましたね。

オックスフォードかケンブリッジでなければ

中野　おっしゃるとおり、日本における、人気を博するお笑いのスタイルは、かたくなに①のクラスターをターゲットにしているということは、素人の私でも感じています。

兼近　それが日本のお笑いの王道だと思います。

中野　イギリスのコメディ集団「モンティ・パイソン」は、王室や役人をからかったり、宗教や民族のきわどいネタをやったり、笑いすぎて死ぬというブラックなコントがあったりするんですが、日本のＤゾーン辺りにも根強いファンがいたんです。

兼近　ブラックユーモアは、ある程度賢くないとおもしろがれないということですよね。でもブラックユーモアとか、何かを批判するような笑いは、現在の日本ではなかなか受け入れてもらえないと思います。「なぜ人を傷つけるんだ！」と非難を浴びてしまいますよ。

中野　そうですね。ではイギリスではなぜウケるのか。まず、もともと他人にきついことを言ってもいいという風土があります。そしてイギリスの大学の双璧を成すオックスフォードとケンブリッジを合わせて「オックスブリッジ」と言いますが（１３７ページの図５－３）、モンティ・パイソンのメンバーは、アメリカの大学を出た唯一のアメリカ人のメンバーを除き、イギリス人のオリジナルメンバー全員がオックスブリッジなんです。階級社会のイギリスにおいては、オックスブリッジの人たちがつくるお笑いであれば、それがどんなものであっても許されてしまうんです。

国連で働いているオックスフォード出身の、しかも博士号持ちの人に、私もこう言われたことがあります。

「日本の魚が恋しいよね。マグロはミネラルたっぷり、水銀とか」

そう言ってウィンクするの！　日本ではドン引きされかねないブラックな感覚だよね。彼は環境問題についてのプロフェッショナルでもあったし、大型魚の水銀汚染が問題になっていた頃のことを指しているわけです。なんて意地悪なんだと思われるかもしれませんが、でもこの人には私や日本を傷つけようという気はさらさらないんです。このぐらい友だちには言っても許されると思っている。

兼近　その人にとってはユーモアなんですよね。

中野　そうです。日本では角が立ちそうなことを、平気で笑い話に使う。

兼近　日本ならたちまち「不謹慎だ」「傷ついている人がいます」と、大炎上しますね。

この春、僕自身がそれを経験しました。北海道出身なのでクマの事件にはたくさん触れてきた際、コメントを求められたんです。東北や北海道で人がクマに襲われる事件が続発して、その危険性はわかっている。ただ、僕は芸人ですから、「少女が森の中に行かなくても

図5-3　イギリスのお笑いのクラスターとオックスブリッジ

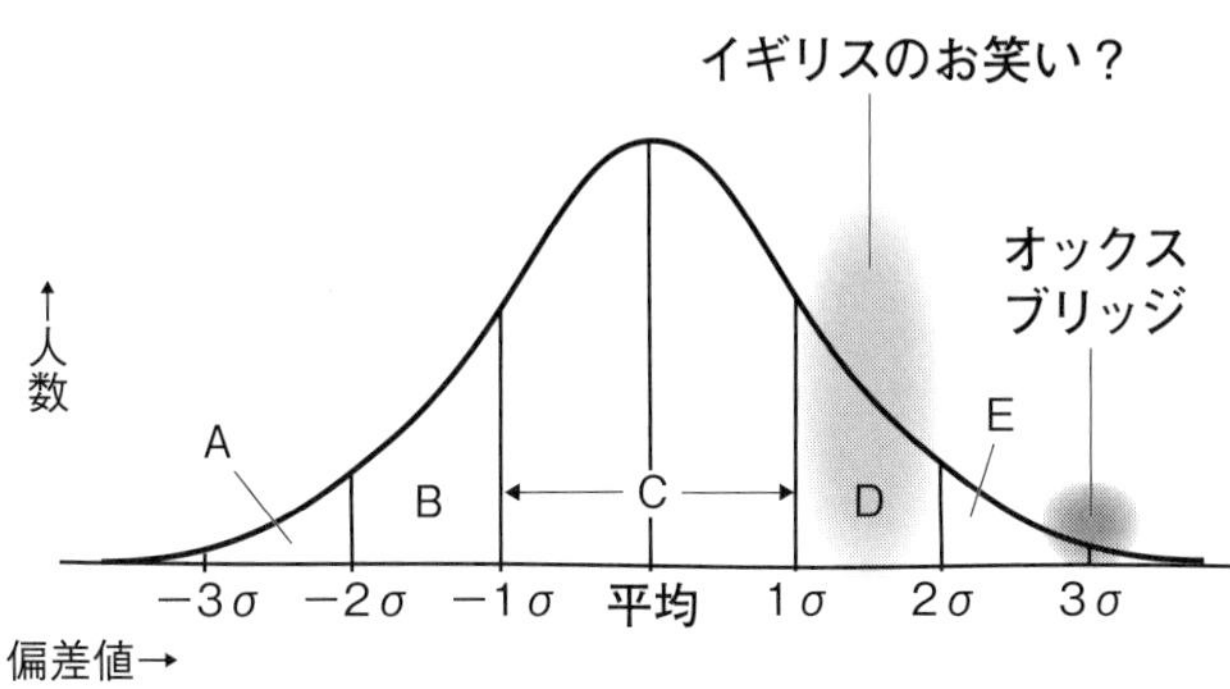

クマのほうが町に来ちゃうので『森のくまさん』ではなく『町のくまさん』と歌ってもいいかもしれないですね」という言い方をしたんですよ。

そうしたら、視聴者から「不適切すぎる」「被害者がいるのに」とたくさんのお叱りを受けました。森だけではなく町にいても危ないんですよ、ということを芸人らしく伝えたかったんですけど、もしかしたら、イギリスでは僕の言い方で伝わったかもしれないですね。

中野　ちなみに、フランスのお笑いは、エロネタが多い気がする（笑）。

兼近　え、スケベなんですか。

中野　たとえばフランス料理のネタで。

兼近　食べたことないです。

中野　じゃあ、今度ね。フランスでは料理でチーズをすりおろしてかけて使うことがあるのね。すりおろすことをrâperと書いてラペと読むんだけど、これをそのまま英語読みして動詞として使おうとすると「レイプする」になる、という。

兼近　わ、大変だ。

中野　さて、僕は英語が苦手なフランスの女性とふたりでレストランに出かけました。彼女は料理が出てくると、「このレシピの秘密は、チーズをレイプすることよ」と言いました。僕は、彼女はチーズをすりおろすと言いたいのだとわかっていたのですが、こう答えました。「そうだね。エメンタルチーズには穴が開いているものね」――。

兼近　オシャレなエロネタだ（笑）。

やっぱりベタな笑いだ

中野　日本の笑いというのはもっとベタな感じですよね。知性の香りがすると、むしろ笑えなくなってしまう。

兼近　それはやはり吉本というか、大阪の血が色濃くあるので、スカしてるのが嫌いなんですよ。だからといって、関西人でない僕が間寛平さんやアホの坂田（利夫）師匠を真似たベタベタなことをやっても、舞台でスベりまくるだけでした。

中野　トップ・オブ・ザ・ベタはブラックマヨネーズさんだと思うんです。何がうまいかって、音楽的なところがうまい。それは話の展開のテンポやリズムです。言語の意味やこれは本当なんだろうかと考えさせる隙をつくらせないうちに、吉田（敬）さんが思いもよらない方向に持っていって笑わされてしまう。これを、めちゃくちゃ速いテンポでやる。人間にじっくり考えさせる前頭葉が動く前に先回りして笑わせてしまうんですね。

兼近 そして小杉（竜一）さんはベタな関西ツッコミのナンバーワンです。見た目だって得しかしてないです。

中野 お体をかなり大きくされていますが、太れば太るほどおいしいんですものね。吉田さんはいつもお肌のコンディションが悪いし。

兼近 小杉さんの、おそらくスパイキーショートにしようとして尖らせきれていない、うっすらと情けない髪型も、わざわざそうつくっているし、つぶらな瞳がかわいらしいし。実は、若い頃はイケメン芸人としてやっていたんです。それは相方の吉田さんがお願いしていたそうです。チケットが売れないから、小杉はちょっと見た目をよくしとけって。

中野 なるほど。見た目をよくしてチケットを売る苦労もあれば、悪くしなければおいしくないという苦労もあるのか……。

兼近 吉田さんの猛毒エッセイ集『黒いマヨネーズ』（幻冬舎）が好きでよく読むんですが、相方に向かっても猛毒を吐いています。吉田さんがはずしたあとの小杉さんの冷淡さにすごくムカついているんです。コンビなら、そのはずしてゴールポストに当たった球を、お前がゴールにねじ込め。お前が拾わなかったらオレどうすんねん、と自分がはずしているのにもかかわらず相方をめちゃくちゃ責めていて、でもああ、なるほどなと思えるんですよね。なんだかいろいろなことに通じることを言われているような気がして、心に引っかかっています。

中野　ふたりのコンビネーションがもう大好きですよ。快でしかない。

日本の芸人全体のトップにいる、というかもう伝説みたいな存在になっているたけしさんは、偏差値軸のトップの3σ（132ページの図5-1）にいる人だということが知られてしまっています。さんまさんもその辺りにいるはずなんですが、そういうところをまったく匂わせないのはすごいですね。

兼近　上から見ているんだけれど、より下の、ボトムアップのお笑いに徹しています。さんまさんを見ていてすごいなと思うのは、いろいろな人がさんまさんを下に見てイジってくる。芸人は縦社会だからそんなことできるわけないのに、さんまさんがイジられ役になれるんですよ。

中野　そうそう。後輩たちに笑われることを恐れないどころか、むしろ誘っている感じですよね。

兼近　さんまさんがうまいから、おもしろくなっているんです。

中野　タモリさんは②のクラスター（１３３ページの図５－２）にいるのかもしれません。イギリスほどストレートフォワードにグサグサ刺しにはいかないけれど、ちょっと黒いものを見せながらやる。玄人ウケする感じですね。

兼近　ビッグ３はみなさん、一筋縄ではいかないですね。

偏差値より地アタマ

中野　よく考えてみると、現在の実際の日本の人口分布は、正規分布図のグラフ（１３２～１３７ページの図５－１～５－３）のように左右対称の山ではなく、１４２ページの図６のように山が割れているという見方ができるのではないかと思うんです。そしてこのグラフの横軸は、テストの成績や知能の高さを示す偏差値ではなく、「地アタマのよさ」だと思うのです。

　なぜ、この新しい軸が出現したか。１９９１年生まれの兼近君は、長者番付は見たことがないかもしれませんね。

兼近　さんまさんの番組ですね。愉快な素人のおじいちゃんやおばあちゃんが登場する……あれ？　違う？

図6　推論から導き出される「地アタマ」のよさ分布図

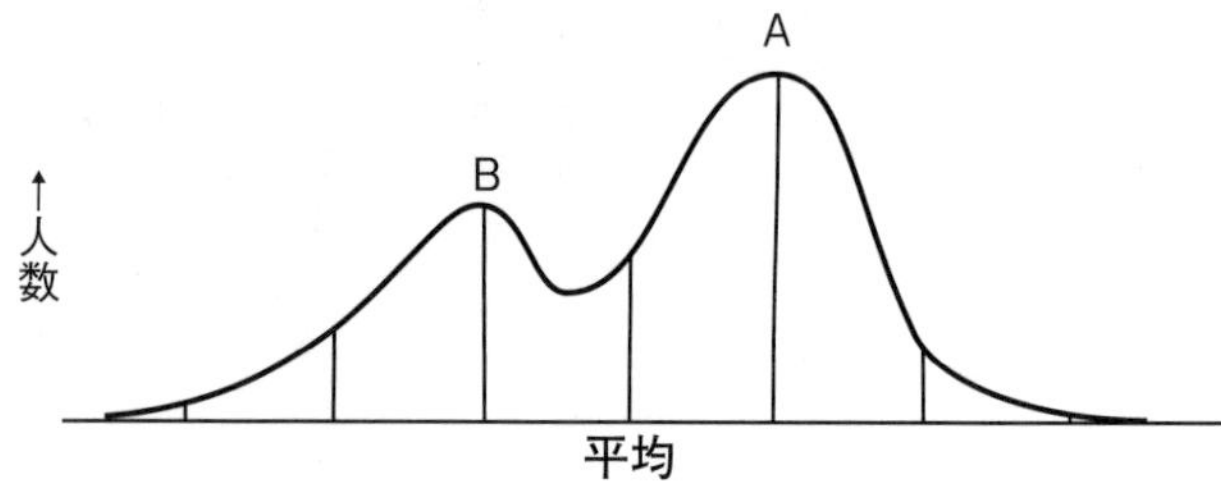

中野　それは『爆笑！明石家さんまのご長寿グランプリ』（TBS系列）ですね（笑）。長者番付というのはお金持ちのランキングです。

兼近　〝長寿〟ではなく〝長者〟グランプリか。やはり、さんまさんが登場しますね。

中野　確かに、さんまさんはランク入りしていますよね。日本には2004年度分までは高額納税者公示制度というものがあり、たくさん税金を納めている人、つまりたくさん収入があった人の住所・氏名が公示されていたんです。これが毎年公示されるたびに、「長者番付」として人々の注目を集めました。

兼近　超お金持ちの住所・氏名をさらしたんですか。プライバシーの侵害じゃないですか。

中野　それが問題になって、個人情報保護法の施行を契機にこの制度は廃止されました。2018

年からは、経済雑誌『Forbes』日本版が独自に調査した個人資産の番付を「長者番付」として発表しています。

これらを見ると、高額納税者には東大卒があまりいない。世襲社長には慶應大卒がいますが、それでも超難関大学卒は意外に少ないんです。高卒の人は珍しくありませんし、中卒の人もいます。ということは、偏差値が高くても、学力テストを頑張っても、それだけでは税金をたくさん納める経済的な成功者になれないということではないか。

兼近 なるほど。むしろ地アタマのよさがカギになるのではないかということですね。だから新しい軸が必要になった。それは僕も実感しています。偏差値が高い、圧倒的に賢いと言われる人たちと話していて、あれ？ どうしてシャレが通じないのだろうとか、どうして僕の話が伝わらないんだろうとか思うことがすごくよくあるんです。賢いなあと思う人はむしろ図5－2（133ページ）の①のクラスターにいますし、①には芸能界や実業界で成功している人もいます。だから僕は、日本的な偏差値というのは、従来の意味や価値が崩壊してきているのかなと思っていました。

中野 ね、そうでしょう。この地アタマ軸は生き延びる力を表すものでもあるんですね。むかしは偏差値の軸とほぼ一致していたんですが、ふたつの軸のあいだが空くようになり、今はほぼ直交しているのではないかとすら思えます。

直交する軸が加わることで、山Aや山Bは二次元の山ではなく立体的になりますから、等高線で描いてみましょう（図7）。

兼近　今度は地理の勉強だ。山は等高線が多いほど高いのだから、ここでは等高線の多い山は人口が多いということを表すんですね。

中野　そのとおり。実感として山Aのほうが人口が多く、さらに増えつつあるように思えるので、山Aのほうを高くして、裾野も広げましょう。この山Aは学校の成績はそんなによくない人も含む地アタマがいいという人。山Bは地アタマがそんなによくないのに学校の成績はいいという人。ほかにも、地アタマもよくて成績もいい人。あるいは地アタマがよくなくて成績も悪い人といったいろいろな小さな山があるわけです。

兼近　よくわかります。シャレが通じて、打てば響くように僕の言いたいことをパッと理解してくれるのが、山Aの人です。このようにいろいろな山があるから、山を間違えると、僕らのお笑いは通じないということなんですね。

中野　そのとおりです。山と山のあいだには谷があって、あまり意思疎通ができないんです。

兼近　どこに向けて漫才やコントをすればいいのか、どうりでムズいわけだ。

図7　地アタマの軸を入れた人口分布図（推論から導き出されたもの）

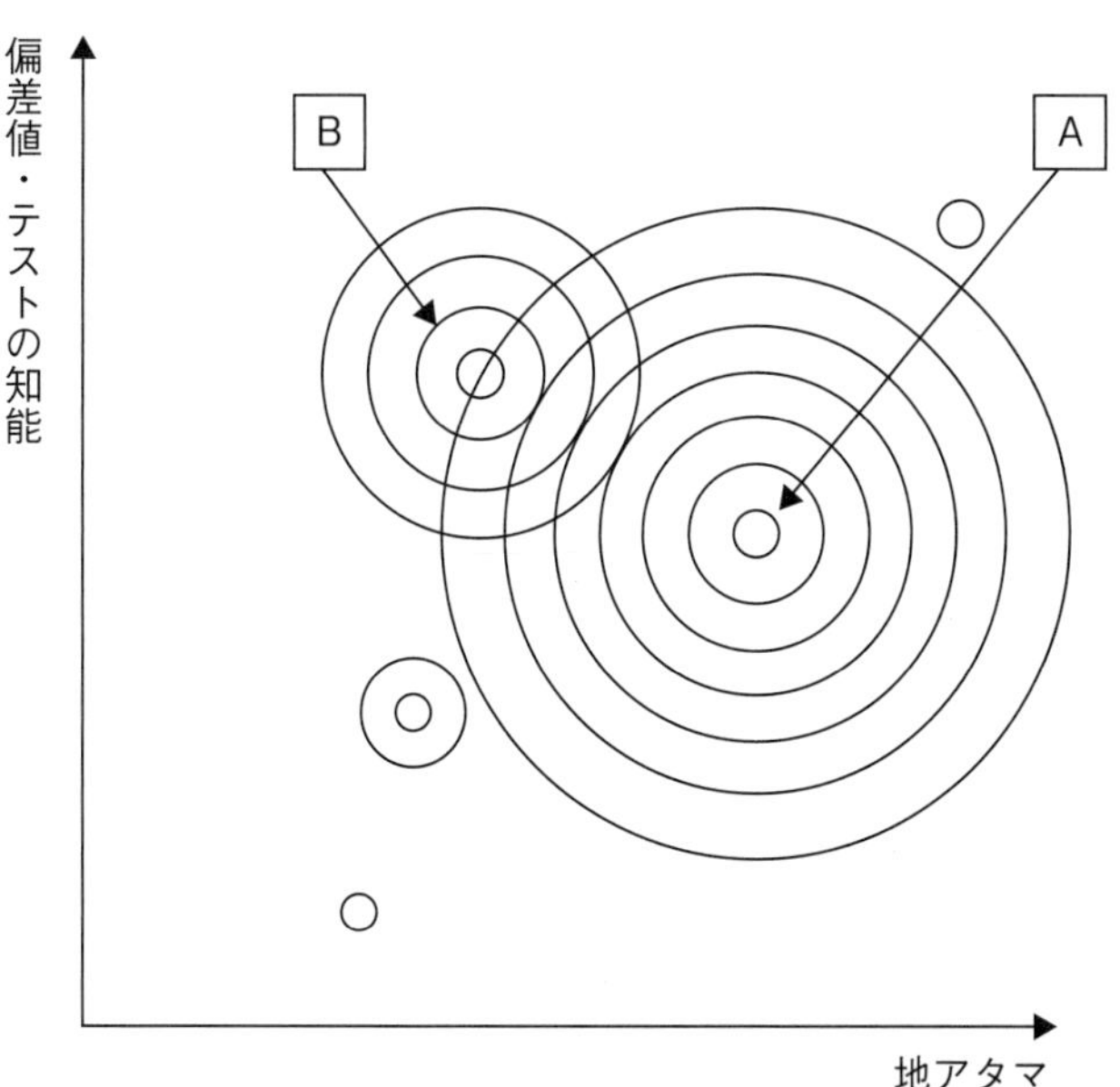

等高線が多いほど山が高い＝人口が多い。
偏差値・テストの知能の軸側から見ると山は１つに見えるが、地アタマの軸側から見ると図6（142ページ）のようにAとBの２つの大きな山があり、ほかにも小さな山がいくつもある。
山Aは、地アタマのいい人で、学校の成績はあまりよくない層まで広がっている。山Bは、地アタマはそれほどよくないが学校の成績はいい人。

笑わせる使命の脳

中野　ところで、兼近君は子どもの頃、何歳ぐらいから嘘をつき始めたか覚えていますか。

兼近　おそらく物心ついた頃には自然に嘘をついていたと思います。ですから4歳ぐらいからですかね。人を楽しませるためにも、また自分の利益のためにも、話を〝盛る〟癖がありました。

中野　嘘をつき始めるのは女の子のほうが早くて5歳ぐらいからと言われていますので、男の子の4歳というのはちょっと早いかもね。嘘をつくというのは「創作」をしているわけで、兼近君が人を楽しませるために創作をしていたということは、もともと芸人に向いていたんですね。

兼近君は脳のSTS（上側頭溝(じょうそくとうこう)／図8）というところが発達しているのではないかと思われます。いつか、脳ドックにいったときのMRI画像でもあれば、調べてみようね。ここは人によって大きさが違います。文脈を読む場所でもあるし、相手の様子に合わせて創作もしちゃう場所ですから、この部分の大きい人は小説や脚本、ネタを書く仕事はピッタリと言えます。

兼近　嘘つきを肯定的に認めていただいたのは初めてです。「いい加減嘘をつくのをやめな

図8　STS

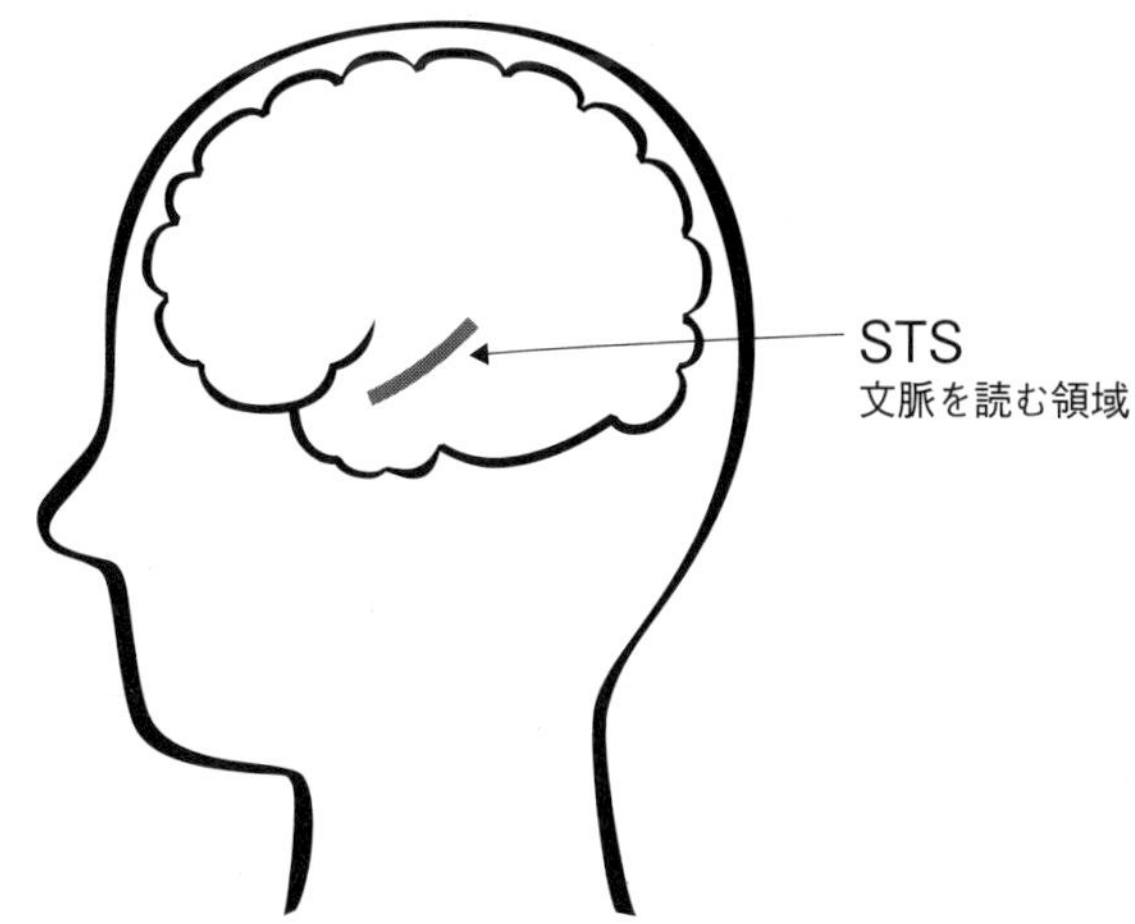

さい」と怒られてばかりいましたから。

中野　才能は使いようだよねえ。そして先ほどもご紹介しましたとおり、脳のＤＬＰＦＣ（１１５ページの図４）は、言葉を投げかけられたら、こうもっていこう、そうすればきっと笑いになるに違いない……と計算をするところなので、芸人さんにとってはとても大事なところです。まあ、酔うとマヒする場所でもあるし、手練れの人はここを使わず小脳を使うのかもしれないけれど。

ＤＬＰＦＣは時間をかけて成長していきます。30歳ぐらいでようやく完成すると考えられているので、兼近君も20代の頃はうまく計算できなかったと思うんですが、いかがですか。

兼近　26歳ぐらいでテレビに出始めるように

なる前の5年間は、劇場の狭い空間での笑いのとり方を一生懸命考えていました。テレビに出るようになってからは、多様な視聴者、番組の制作者などのことを広い視野で考えなければならなくなって、その計算を間違えて変なチャラ男でスベりまくった。ある程度納得できる計算ができるようになったのは、確かに30歳ぐらいだったような気がします。

中野　イメージとしては、DLPFCが発揮する力というのはコップに入った水のようなものです。ここでいう「コップの大きさ」はある程度生まれつき決まっていると考えられているんだけど、コップがいかに大きくても、ちょっとしか水が入っていないのでは意味がないよね。そこに実際どれくらい水が入っているかというのは、その人のいた環境とか、その人自身の努力とか、そういった要因に負うところが大きい。成長していくというのは、そこに水を溜めていくことです。30歳ぐらいまでは蛇口から水をワーッとたくさん出して溜めることができるんだけど、30歳を過ぎる辺りから、ちょっとずつしか溜められなくなる、というイメージです。だから30歳ぐらいまでのあいだに、コップになみなみと水が溜まった状態にできるかどうかが勝負と言えそうだね。

兼近　子どもの頃から成人するまでのあいだは、将来は何がしたいかとか、お金を貯めたいとか、未来のことを建設的に考えたことはなかったです。水はぜんぜん入れることができていなかったと思います。

ＮＳＣに入って、ということは21～22歳になって初めて、今の自分がどうすれば世に出ていけるか、どうすれば人から愛されるか、必死に考えました。周りはそれを考えてない人ばかりでしたよ。あれ？　何も考えてないんだなと、びっくりしたんです。それは、ＤＬＰＦＣが未熟だったせいなんですね。

中野　そうですね。そのため、若いうちは目先のことを重視して、なかなか先のことを構築的に考えるということはしにくいんです。兼近君は30歳になる前に、劇場、そしてテレビという新しい環境で次々に考えなければならない状況にあったので、それはＤＬＰＦＣが鍛えられるのにいい環境だったと思いますよ。

コップの水をすごく増やすことができた、つまりＤＬＰＦＣが発達したんですね。兼近君のコップの容量はそもそもきっと大きかったのではないかなあ。そこに、どんどん水が入り、どんどん計算できるようになったのだとしたらすごいね。

兼近　だとしたら、ラッキーでした。

中野　そうですね、みんなを笑わせる使命を持って生まれたのかもね。

兼近　次は小脳を鍛えたいです。

ダニング・クルーガー効果がエグい

兼近　僕は先ほど、A周辺つまり－3σ（132ページの図5－1）にいると言いましたが、正直言うと自分の位置を把握できていないんです。

中野　自分ではなかなかわかりづらいですよね。現在のパブリックイメージでは、本人が思っているのとは反対側の位置にいると思われていると思いますよ。

兼近　僕のややこしい点は、やはりAゾーンの－3σにいると見ている人も多いんですよ。そう見ている人には、僕は底辺の人間だから、上に食ってかかっていくというのは笑える。うまくいっていない人がうまくいっている人に噛みつくという構図は、むかしながらのお笑いで正解なんです。でも、中野先生がおっしゃるように、僕の偏差値も地アタマも低くないと見ている人もいる。そうなると、僕が下にいる人をイジっている、ただのイジメに見えているわけです。だから自分自身の立ち位置をどこに持っていくかというのは、今も迷っています。

中野　確かに、Eの人がA～Dの人を揶揄したら、少しも笑えませんね。

若い頃のダウンタウンさんが、視聴者からの「吉本で誰が男前か？」という質問に答えて、松本さん「僕は4番目ぐらい」
浜田さん「3番目は？」
松本さん「島田紳助」
浜田さん「靴べらやないかい！」

というやりとりで爆笑をとっていたことを思い出したのですが（笑）。

これは若手の浜田さんが、大先輩の島田さんをイジったからおもしろいということですよね。もしイケメンで鳴らしている大物俳優さんなどが「靴べらやないかい！」と言ったとしたら、ん？　ちょっとまずいんじゃないの？　という微妙な空気になりかねません。

兼近　めちゃくちゃ感じ悪いから反感しか買いません。誰が言っているかで、笑えるかどうかが決まるんですよ。

芸人は階級社会だからこそ、下にいる人が上にいる人に殴りかかるのは、観ている人も気持ちがいいわけですが、ただそれは、殴られた先輩のほうが、おいしくなるような動きをしてくれるんですよ。下が殴ってくるだけでも、腕のある先輩ならおいしく調理できるから、素材を提供してくれてありがとうとしか思っていないです。さんまさんがその代表ですね。だから誰にでも殴りかかっていいわけではない。下の人も、腕のある先輩にしか殴りかかろうとしません。

僭越(せんえつ)ながら、僕も後輩からガシガシイジってこられると、ありがたい、おいしいです。後輩もおいしくなるし、先輩も下げてもらっておいしくなるという相乗効果をもたらすかどうか、芸人というのは自然と感じとるんです。

ただし、難しいのは、先ほどもお話ししましたが、イジりをイジりとして観てもらえない、イジメに思われてしまうことがあります。これは観る人の笑いのリテラシーの問題なのかなとも思いますが、さらにいけないのは、逆にそれを観ている人たちがおもしろがって真似することです。一般人が上司をイジったり、クライアントをイジったりしたら大惨事になります。自分の立ち位置を揺るがされて、プライドを傷つけられて、おいしいと思う素人さんなんていけるわけがないのに、やっちゃう人がいるんですよね。それが危ないんです。

中野　「自分は大阪出身でおもしろい」と信じている素人さんの中には、そういう人がいるような……。

兼近　それはエグいですね。

中野　ユーモアや独創性に富んだ研究や発明に贈られるイグ・ノーベル賞という、ノーベル賞のパロディとしてお馴染みの世界的な賞があります。２０００年にこれを受賞した「ダニング・クルーガー効果」という名称で知られている研究があるんですが、これはアメリカのある大学院でユーモアを解する度合いのテストをしたうえで、自分の得点と順位を予想させるという実験でした。すると、成績が全体の下から数えて12パーセント以内だった学生が、自分はほかの学生より得点が高く順位が上であると予想したんです。ユーモアのセンスが低いほうから数えたほうがずっと早いような人が、自分は人並みよりユーモアのセンスがあると思っていたという。けっこう残酷な実験ですよね。

兼近　うわ。その人たち、恥ずかしいですね。

芸人の世界というのは特殊な世界なんです。相手を殴る手には柔らかい大きなグローブをはめているから、殴られたほうは痛くない。でもド派手に殴ってみせて、殴られたほうは痛がってみせる。それがお笑い芸人なんです。

一般の人たちは、そのでかいグローブの製造方法を知らないし、そもそも芸人がはめているグローブが見えていない。見えている人は、お笑いのリテラシーが高い人です。ほとんどの人は見えていないから、自分も素手で派手に殴ったりするんですよ。それは相手が死ぬだろうということを平気でやっちゃう。それではおもしろくない、笑えないのだという感覚をみんなが持ってくれるといいんですが。

中野　ここはこれを読んでいる方にちょっと気にしてほしいところですよね。周りの人にも教えてあげてほしい。

兼近　そうなんです。ただややこしいのは、むかしは芸人たちが素手で殴り合っていたんですよ。

中野　どんな世の中になっても、人間がこのありようである限り「お笑い」はなくならないですね。

逆転劇を見せろ

文明が生まれていない時代の私たちの先祖たちは、外敵から身の安全を守るためにも、また、誰かが新しいことに挑戦できるようにするためにも、常に集団をつくっていたわけです。それは他の霊長類とは比較にならない大きな集団でした。集団ができると、その中での意見のすり合わせや意思疎通が必要になります。

人間は個々それぞれに意思があるわけだけれど、それを漏れなく尊重しながらひとつの不満もないように迅速にとりまとめて意思決定するというのは至難の業です。少なくともそういった計算能力というのは、私たち人類にはありません。計算能力の代わりにあるのが、笑いや、生まれつき埋め込まれている脳の部分が担う感覚的な善悪や美醜の基準、人間関係によってブーストされる忘却の機能——いわゆる、水に流すだとか、大人になる、などといわれるもの——などです。

計算によって個々の意思を確認しながらとりまとめようなどとすると、たとえば、速やかに何かを実行しなければならないという段になって、大変なことになりかねません。災害や、強力な敵が今すぐそこに迫っているというときには、一刻を争うのに、個々の意思を尊重することに時間をかけすぎてしまえば、集団の全員が死んでしまうかもしれない。最悪の結果です。

笑いは、そういった難しさを乗り越えるための、ややトリッキーな解決策のひとつとして人間が獲得した能力である可能性があるんですよ。

兼近　へえ〜。そんな太古のむかしから。

中野　１００人を超えるような集団をまとめようとするときには、各人を平等にせず、あえてヒエラルキーを構築して、トップの意見に従う、というのが最も効率がいい。これは、社会性といってもいいでしょう。私たち人間というのは、集団にヒエラルキーをつくる種類の動物です。

でもそうすると、その他の99人には自分の意思を聞いてもらえないという不満が溜まりますよね。この構造を、時々逆転して歪みを解消してあげなければ、集団そのものの寿命が短くなる可能性が大きくなってしまう。笑いは極めて社会的なものであって、笑いがあることが、集団の寿命、ひいてはそこに所属しているめいめいの寿命を延ばすことにつながっているかもしれないんです。

笑いの起源や歴史をたどると、たとえばかつての欧州における道化というのは権力者を笑うことによって民衆の不満を解消するという役割を担っていました。「遊び」にも、似た構造があります。遊びというのは、いちばん強い人に合わせると遊びとして成立しないんです。それは遊びではなくてガチの勝負とか試合とかそういったシリアスなものになってしまう。弱い人に合わせないと、参加者がリラックスして楽しむことができなくってしまうので、遊びでは逆説的に、弱い人が絶対的な権力を握ることになります。子どもと遊ぶときには、大人が子どもに合わせないと、遊びにならないですよね。これが、遊びのおもしろいところなんです。笑いや遊びは、構造を逆転させる機能があるんですね。

兼近　なるほど、ガス抜きですね。

中野　芸人さんは自分の傷や弱点をイジられることがおいしいというのは、まさにこういうことじゃないでしょうか。人間の集団が周期的に構造を反転させる必要に迫られるという、お笑いはその構図の中で発達してきた芸能と言えるんですよね。だから、「下から目線」がおもしろい。

兼近　僕もそうですけど、そもそも多くの芸人自身がなんとか自分の人生、社会の構造を逆転させたいという思いを少なからず持っています。

笑われるというのは、一般社会においてはマイナス要素ですよね。ところが笑われることで最強になれるというのが、お笑いの世界です。よく考えたら、何でも逆なんです。なるべく綺麗に、清潔感を出そうというのが一般社会の常識なのに、たとえば空気階段の（鈴木）もぐらさんは汚部屋すぎてネズミしか罹らない病気になったとか、ピン芸人の岡野陽一さんはギャンブルにはまって借金だらけだとか、クズ芸人のイメージでやっているから——実際クズなんですけど——わざわざそれらしく汚いヒゲの印象に見せています。ふたりとも本当は風呂に入っていますよ（笑）。

中野　安心しました（笑）。

兼近　霜降り明星の粗品さんも生涯収支マイナス1億とか2億とか言うじゃないですか。確かにギャンブルに大枚はたいてはいるようですが。収支がマイナス1億って、一般社会だったらアウトですよ。

中野　破天荒ですよね。サンドウィッチマンの伊達さんも鎌倉時代からの由緒ある氏族である伊達氏の末裔で、曽祖父は判事。すごい家柄だし血筋ですよね。それが先ほども話題に出ましたが、チンピラ的ないかつさを演出していて、一見すると迫力がすごい（笑）。

兼近　あらためて思います、すげえ世界だなと。

中野　大衆が社会の構造をひっくり返したいという欲求を、大衆を代表して実現するのがお笑いなのかもしれませんね。大衆は常に、逆転劇を見たいということなんでしょう。芸人さんは、セオリーとしてはスタートは低い目線から始めるのがいいんでしょうね。そうでなければ逆転劇になりませんから……。最初は見た目でわかりやすい「低さ」の演出をする必要がありますよね。

兼近　そうか。そういうロジックなしに、芸人はみんな自然とそれをやっているんですね。僕は演出ではなく、本当にAゾーンの－3σ（132ページの図5－1）スタートでしたけれど。だから逆転劇をお見せしたいけど、でもやっぱりSNSで叩かれちゃうんですよ。いい気になっているとか、バカがコメントするなとか。

　争いというのは同じレベルの人同士でしか起きないというじゃないですか。だいたい僕のことを攻撃している人たちは、僕レベルの人なんですよ。だから、自分と同じぐらいのレベルのお前みたいなやつがなぜ成功するんだ、ということで僕のことが許せないんですね。だから、僕のほうでは、僕を叩く人たちは僕の仲間だと思って見ています。ああ一緒だ、僕もそうだったよ、と思いながら。

中野　ああ、そういうところが兼近君の地アタマのよさでもあるけれど、それ以上に人間性だと思うんです。次の章でこれをもう少し掘り下げていきましょう。

第4章

おもしろい人になりたい

どうすれば愛されるのか

中野　ではここで兼近君に問題です。talent——これは何と読むのでしょうか。

兼近　いきなり英語の授業になった。はい、ターリエント。

中野　うーん、惜しい。タレントです。

兼近　あ、タレントか。

中野　才能という意味ですね。

兼近　おお。

中野　語源は古代ギリシャの通貨の単位のタラント（talanton）とされていますね。新約聖書に収められているマタイの福音書には、「タラントのたとえ」というお話があります（第25章14～30節）。

　主人が3人のしもべに「あなたの裁量でなんとかしなさい」と命じ、それぞれの能力に応じて1人目には5タラント、2人目には2タラント、3人目には1タラントを預けて長い旅に出た。

　ちなみに、1タラントというのは日給6000日分ですから、今でいえば日給1万円とすると6000万円になります。

兼近　すごい大金ですね。

中野　5タラントを預けられた人は、それを元手に働いて5タラントの儲けを得た。つまり倍に増やしました。

兼近　3億円を6億円にした。

中野　そうです。2タラントを預けられた人も働いて倍に増やした。1タラントを預けられた人だけは、もし何かして損をしたら主人にどんな目に遭わされるかわからないと思い、預けられた1タラントを、穴を掘って埋めておいた。

　主人が帰ってくると、預けたカネを倍に増やして差し出した2人には、「よくやった」と褒めて大事な仕事を任せることにした。元金のまま返した1人には、「怠惰だ。埋めるくらいなら、銀行に預けておけばよかった。そうすれば利子がついたのに」と激怒し、この人からさらにタラントを取り上げて5タラントを10タラントに増やした人に与え、クビにしてしまった。

兼近　6000万円も出資してもらったんだから、寝かせないでちゃんと商売か何かをしなければいけなかったんだ。

中野　人のことを心から信頼せず怖がって埋めたというのもマイナスだった、とする解釈もありますね。いずれにしてもこの逸話の教訓としては、「おおよそ、持っている人は与えられて、いよいよ豊かになるが、持っていない人は、持っているものまでも取り上げられるであろう」とされています。これは、能力に応じたチャンスを与えられたのだからその能力は活かすべきである、ということを言っているのだそうです。ここから、才能、能力を意味する英語のタレントという言葉が生まれたといわれています。

ただ、持っている人はより豊かに、持ってない人は持っているものまで取り上げられるというのは、旧約聖書の時代から延々と今に通じている、残酷な現実を言い当てているようにも思えて、背筋が寒くなりますよ。

兼近 格差社会を予言していますよね。

中野 才能といってもいろいろな才能があるわけですが、日本ではtalentが「人を惹きつける才能」の意味に解釈されることが多いのかもしれない。人を惹きつける職業である芸能人、芸人、司会者などを指してタレントと呼ぶのも日本独特です。第3章までに、兼近君が脳の特徴も含めて、そのtalentに恵まれた人であるということが推察できたかなと思うんですが。

兼近 自分には何の能力もないと思ったから、どうしたらいいんだろうと思った。そこからのスタートだったんですけどね。

この本の冒頭からくり返しているとおり、僕は勉強がちっともできなかった。体育は好きだし少年野球もやっていたけれど、プロを目指すほど突出して運動ができたわけでもなかった。問題児で先生の手を焼かせて、でもドッジボールではみんなを守りたいと思って前に出るんだけど、結局うまく守れなかった。中学の卒業式は校長室に呼び出され、かろうじて卒業ソングの『さくら』（森山直太朗）はみんなと一緒に歌えました。

中野 兼近君の世代はもう『仰げば尊し』は歌わないんですよね。

兼近 はい。りんたろーさんは歌ったそうですよ（笑）。僕のひとつ下の学年からはＥＸＩＬＥの『道』なんですよ。かっこいい……。

定時制高校も３日で中退――中退とも言えないスピードで退学して、僕も含めて周りは警察の厄介になったことがある人ばかり。僕はそういう環境で生きてきました。この環境を変えようと必死にもがいたけどうまくいかず、本当に自分には何の能力もないんだと気づかされたときに、何ならできるのかを考えました。

僕はおもしろくなりたいと思ったんです。おもしろい人になることで、人から求められたい、人に愛されたい、何より大嫌いな自分を好きになりたいと思いました。

自分を好きでいられるための処世術

兼近 故郷の北海道を飛び出したのは20歳のときでした。ちょうどその頃、知り合いからもらった又吉直樹さんのエッセイ『第2図書係補佐』（幻冬舎よしもと文庫）を読んで、エッセイってなんておもしろいんだろう、本ってなんていいんだろうと感動したんです。

又吉さんの筆力のすごさはいまさら僕が言うようなことではないのですが、この本は読書ガイドを謳っているのに本の内容にはせいぜい数行しか触れていない。それなのに、そこに出てくる尾崎放哉とか、無性に読みたくさせるんです。

又吉さんみたいな人になりたい。又吉さんみたいな人になるには、本を書けるような人にならないといけない。じゃあ吉本だ、というよく意味のわからない三段論法で東京の吉本のＮＳＣに入りました。

中野　人を笑かしたりするのはもともと好きだったんですか。

兼近　それはあとから気づいたことです。そういえば、小さい頃から周囲の人にいたずらしたり、困らせたり、楽しませたり、自分自身を使って笑いをとるということを自然にやってきていたなと。最初はお笑いではなく本を書けるようになりたいと思ってＮＳＣに入ったんですけど、途中からお笑いがめちゃくちゃ好きになりました。笑ってもらえると、錯覚かもしれないけれど自分が求められていると思える。もっと言えば、僕はそれでしか認めてもらえない。思えば、小さい頃からそんな状況にいたんです。

周りの人に笑ってもらえるということが、自分にとっての最高の報酬でもあり、自分の存在意義だったと気づいた。だから真面目にお笑いと向き合ってきました。それは今も変わっていません。今でも、おもしろい人になりたいとしか思っていないんです。テレビにいっぱい出たいとか、目立ちたいとか、お金が欲しいとかではなく、ただひたすらおもしろいと思われたいです。

中野　「おもしろい」道の追求ですよね。

兼近　そうです、そうです。それは、人に好きになってもらうと同時に、自分が自分を好きでいられるための処世術でもあるんですよ。

よく考えたら、誰もが子どもの頃から無意識のうちに、誰かに自分を肯定してもらって、自分に自信を持つ、自分を好きになるということをやっているんじゃないでしょうか。僕は何も肯定なんかできないし、何をとっても好きになれなかった。だからおもしろい人になることが唯一の救いであり、「おもしろい」が僕にとっての正義になったんです。

このように明確な目的がひとつできると、いろいろな物事を天秤にかけられるようになるんですね。どちらを大事にするべきか、どちらを先にやるべきかという優先順位がはっきり決められるようになりました。

本を読みたいから早く家に帰るとか、誰の舞台を必ず観るとか、常に頭を回せるようにノンアルコールしか飲まないとか、体調はいつもよくしておかないと、おもしろいことなんてできないし言えないし、りんたろーさんや周りの人に迷惑をかけることになるから、体のコンディションを保つために必ず0時までに家に着くように帰るとか、今も実践しています。

中野　……ちょっと、自らチャラさを見失っていますね。

兼近　兼近君は実は、お笑いに対して非常にストイックですよね。

中野　いやいや、ストイックなんて言われると恥ずかしい。NSCに出した願書に、当時はおもしろいとは何かなんて少しもわかっていなかったので、資格の欄には「ケンカ三十段」、特技の欄には「飲み会で女性をすぐに用意できます」と書いたんですよ。

兼近　それは（笑）。ちゃんとチャラ男じゃないですか。

中野　りんたろーさんなんて、願書の写真欄にプリクラシールを貼って提出していたんですよ。

兼近　えっ（笑）。チャラいというか……。ふたりとも本来は真面目な好青年なのよと思っていたのに。

お笑いの戦後レジームと第七世代

中野　おもしろい人は私も羨ましいです。頑張っても私はたいしておもしろくなれないんだろうなあと、ため息を吐いてしまいますよ。

兼近　おもしろい人にもいろいろな種類があります。人をおもしろくさせる天才もいれば、場を回して、人によってあの人はこういういいところがあるからこういう笑いのとり方にしようということができる人もいれば、人におもしろくされる才能がある人もいます。すごいなと思うのは、ひと言だけ言って場の空気をぶち壊せる人です。ブラックマヨネーズの吉田さんがそうです。一撃ですべて壊す。ブレイカーですよ。

中野　壊すのに人を怒らせないで笑わせるというのがすごいところですよね。下手な人だと、ただ空気を壊してみんなにうざがられて終わっちゃう。

兼近　たぶん、吉田さんはずっと考えているんだと思います。みんなが話している内容とは別のことをひたすら考えているんです。小杉さんは、逆にみんなが思っていることを言ってくれる人です。芸人からすると、あのふたりは「なりたい芸人像」なんです。

中野　「なりたい芸人像」っていうのは言い得て妙ですね。本当に、すべてがいいバランス。

それから、吉田さんとは違う意味で、ずっと考えているのがわかるタイプの人がいますよね。芸人は反応の速さが大事とのことでしたが、逆に考えている〝間(ま)〟がおかしいという感じの人です。

兼近　最長の間をつくるのが、コロコロチキチキペッパーズのナダルさんですよね。大阪ではその間の長いことをイジられておもしろがられていたんですが、東京に来たらイジってくれる人が周りにいなくてスベりまくったそうです。

中野 逆に、東京の浅草出身代表のようなたけしさんは間がない。マシンガンみたいに話すし、その流れで言っちゃいけないことまで勢いで言っちゃうというのがおもしろい。

兼近 爆笑問題の太田（光）さんもそういうタイプですね。ベテランにはそういう人が多いんです。それを中堅クラスの芸人がひな壇からツッコんで支える。この構図が長いあいだ崩れないので、若手は活躍できる場が少ないんです。若いというのはやはり説得力がないんですよ。ＥＸＩＴも最初の頃そうであったように、危なっかしくて観ている人の側坐核を安心させることができない（１０５ページの図３－１）。

中野 そうですね。この人、大丈夫かな？ という目で見ちゃいます。

兼近 どうせおもしろくないこと言うんだろうなって、偏見で判断しちゃうんですよね。おもしろいことを言っていたとしても、正当な評価をしないということがよくあります。

中野 では、ここから少し社会科の時間になりますよ。

兼近 はい、社会科きたっ。

中野 よく「戦後レジームからの脱却が求められる」といわれるように、戦後の社会の枠組みというのは今もまだ続いていると考えられるんです。政治体制もメディアの構造も、実は大きくは変わっていないという。最初においしいところをとった先行利益者がいて、ほかの人はそこからの利益を分け合うという構造もあまり変わっていません。

けれども、人間が年をとるように、世代を重ねていけば体制にも容赦なく制度疲労が起こる。歴史的にそれは70年から100年ぐらいの周期で起こるという人がいます。その流れで、大きな枠組みの変更が起こる可能性が高くなると。

265年もの長きにわたって続いた徳川幕府にしても、ずっと安定していたというわけではなく、何度か危機的な状況というのはあって、2代将軍秀忠系の男子が途絶えたときに、大奥にあったややこしい問題なんかも手伝って、大きな節目を迎えています。

結局、8代将軍には紀伊家から来た吉宗が就いて、それからは、いわば徳川なんだけれども紀州幕府とでもいうような、それまでとはやや異質な体制に変わりました。

兼近　徳川のご本家が替わっちゃったんですね。

中野　そういう感じですよね。幕臣たちの刷新も同時に行われましたから、従来の政権とはずいぶん様相が変わったようなんですよね。特に経済政策が大きく変わり、江戸の文化も変わりました。華やかな元禄文化から一転して質素倹約を旨とするようになり、まあ華美を疎んじ、贅沢を禁止する雰囲気というか、将軍吉宗自身も木綿の着物を着て範を示そうとしたといわれますね。

今年は戦後78年ですから、この周期仮説が本当なら、その末期に当たります。日本の体制にも制度疲労が起きているのは、もう多くの人が体感しているんじゃないでしょうか。そこで若い世代がどうするかは、ちょっとおもしろいかなと思ってはいます。

兼近　それはお笑いの世界にも当てはまるんですね。

中野　半ば伝説的な存在のビッグ3、圧倒的な実力と実績のダウンタウン、不動のベテラン爆笑問題などの先行利益者がいる。そこからの利益を分け合う、これも非常に高い能力を持つ中堅層がいる。では、それより若い世代はどうするか。体制を本当にひっくり返すようなことをするのか。いろいろなやり方が考えられます。体制そのものを大きく変えない、血を流さない革命というのもできる。

ＥＸＩＴは２０１７年の結成で「第七世代」と呼ばれてました。第七世代は、ややはっきりしないところがありますが、ほかには霜降り明星、四千頭身、ハナコ、ゆりやんレトリィバァ、宮下草薙、ミキ、かが屋、金属バット……。

兼近　第七世代の括り方はよくわからないんですが、２０１８～１９年前後から売れ始めた芸人たちをいうようです。この世代はテレビ出演が多いイコール売れているという感覚ではありません。僕らもユーチューブをやっていますが、先ほどお話ししたとおり、活動の場をユーチューブに絞ってテレビに出ないで成功している人もいます。

僕らも含めて20～30代の芸人は、10年ぐらい死ぬほど頑張って、ようやく名前を覚えてもらえるぐらいには売れてきたというのもほんの一握りです。そうやって頑張ってはいても、歴史に名を残すとか、勝って頂点を目指すとかいう人はあまり見たことないです。夢を語らなくなったというか、どうせこのまま変わらないだろうという諦めもあるのかもしれません。努力して一番になれたとしても、SNSなどでいろいろな攻撃を受けて損するだけなんじゃないかと思ってしまうんですよ。

おもしろくないと言う人はおもしろくない人

中野　ブラックマヨネーズがチャンピオンになった、2005年のM－1がいちばんおもしろかったという人が、業界には多いですよね。

兼近　僕もそのひとりです。

中野　戦ったのは笑い飯、麒麟、品川庄司、チュートリアル、千鳥、タイムマシーン3号、アジアン、南海キャンディーズ……そうそうたるメンバーで、活気がありました。

兼近　僕もわくわくして観ていました。この時代と比較して僕らの世代は冷めているようで、でも承認欲求はものすごくあるんです。冷めているようで承認欲求はあるというのは、芸人だけではなくこの世代の特徴だと思います。「そんな芸能人、知らないわ。うち、テレビ置いてないし」「ユーチューブは興味ないし」「ティックトックとか見ないし」と言う人が本当によくいるんですが。

中野 「テレビ観ないから、オレ」って私もときどき言われますよ。つまりお前のことなんか知らないよとアピールしたい人がわざわざそう言うということなんでしょうが、ホントに知らない人は、普通に何も言わずに、ただ人として会話するだけですからね。知らないし、って強めに言った時点でもうキモいというか……チラッチラこっちを見ていたくせによく言うよなとは思う（笑）。

兼近 そうなんですよ。テレビを観ないとわざわざ言うってことは、テレビに出ているということを知っている。でも、「知らないよ、あんたなんて」と言いたい。それは、「あなたなんて大したことない。私だってあなたぐらいにはなれた」という、ちょっと歪んだ承認欲求があるからだと思うんです。

中野 ほかにもあるよ。「東大って何がすごいのかわかんない」とか。受かってからならその言葉、聞いてやるよとは思った。

兼近 東大といえば、現役の東大生とクイズ番組で対決したことがあるんですけど、僕はこう言ったんです。「僕は今から東大を目指せるんですけど、あなたたちはもう中卒にはなれないですよね。僕に勝てるわけないですよ」。

中野 （笑）それはおもしろいね。

兼近　ネットでめっちゃ叩かれました。「お前が東大に入れるわけないだろう」って。これにはすごく衝撃を受けましたね。

中野　いや、東大受験は歩いていけばいつかたどり着く道みたいなもので、受かるのには定石があるからね。トリッキーなことは実はあんまりない。やれるかやれないかだけです。

兼近　人を批判する時代なんだとつくづく思いました。

　でも、人のことをおもしろくないという人がいますけど、それは自分がおもしろいことに気づけていない。本人が気づけないということに気づけていないんですよ。みんながおもしろいと言っていることには理由があっておもしろいと評価されているんだろうな、と考えればわかるはずなのに、「こいつ、おもしろくないのに何でテレビによく出るんだ」と平気で言うのは、本人のセンスが圧倒的に足りないんだと思うんです。

中野　論理的に正しいです。

兼近　これは反省なんです。僕も芸人になる前は、芸人なんて誰でもなれるだろうと思っていました。『爆笑レッドカーペット』（フジテレビ系列）や『エンタの神様』（日本テレビ系列）を観ながら、「誰でもできるだろう、こんなの」とか「どうせ一発屋でしょ」とか言っていたんですよ。実際に芸人になって、あ、無理、あの人はすごかったんだと気づきました。だから非難している人たちの気持ちもわかります。

中野　「お前が東大に入れるわけないだろう」とか、何でもかんでも「不謹慎だ」というだけの人とか、「ぜんぜんおもしろくねえよ」しか言わない人というのは、いろいろ下から3分の1の人たちかもよ（笑）。

兼近　なるほど、ダニング・クルーガー効果だ（152ページ）。

中野　ねー。だからあまり気にしなくていいかも。

兼近　批判してきた人たちはこれを知ったら落ち込むだろうな、やべーって。ずっと人のことをおもしろくないと言っていたけど、自分がアタマ悪いからなんだと気づいちゃった（笑）。

気づいたら仲間作戦の深淵

中野　ＥＸＩＴはもはや、メディアに取り上げられない日はないという大人気です。

兼近　おかげさまで、何度か『ＦＲＩＤＡＹ』にも載りました。でも、僕は油そば店で独りで腹ごしらえをして、その後は公園でお菓子を頬張りながら子どもたちの遊ぶ景色を眺めている。りんたろーさんはりんたろーさんで、青空の下でコーヒーで一服している。なんと健全な休日のすごし方。

中野　好感度爆上がりですね。うまいなあ。素顔は1ミリもチャラくないとか。

兼近　事件ですよ。チャラ男の面目丸潰れ。しかも、この日はふたりで明治座に香取慎吾さんの公演を観に行ったということまで書かれていて、休日もふたりで真面目に勉強していることがバレてしまいました。

中野　ずっとあとをつけられていたんですね。人気者の宿命とも言えますが、プライバシーを守れという声もあります。

兼近　僕はどんどん撮ってもらって結構と思っています。掲載された写真は、記念にLINEのアイコンにしています。ただ、ギャラが出ないんですよ。

中野　あれは報道なんだそうですよ。おカネを支払うと、やらせになりかねない。

兼近　報道だったんだ（笑）。

中野　兼近君の好感度について考察してみたいんですが、たとえば「誰かのことを『おもしろくない』と言う人」に対して、それを容赦なく批判しながらも、でも、自分にもそんなところがあるのかもな、と最後は寄り添ってみせたりするんですよね。第3章でも「（SNSで）僕を叩く人たちは僕の仲間だと思って見ています。ああ一緒だ、僕もそうだったよ、と思いながら」と言っています。

兼近　気づいたら仲間作戦。

中野　そうだね。最初は敵認定しておきながら、ふっと力を抜いて、お前も同じ痛みを抱えているんだろう？　的なことをやるんだよね。

兼近　ああ、そう思っています。しかも常日頃から。

中野　実は、他の人はあまりやらないです。

兼近　えーっ、そうなんですか。ある一部分において一緒だと思うと、あ、この人は僕と一緒だと思ってしまうんですよ。

中野　これはすごい武器ですよ。これがあるので、大きく炎上することはあっても、最終的に落ち着くんだろうなーと思って見ていました。

兼近　子どもの頃から、攻撃をいなさないと生き残れないみたいなことがありましたから。それは上級生や大人に対してですが、どうすれば被害に遭わないか、同時に、どうすれば誰かを標的にしなくて済むかを考えながら育ってきたような気がします。親に頼るということができなかったので。

　20歳ぐらいになって初めて、誰かに助けを求めることもできるんだと知りました。それまでは自分の力で相手を引きずり下ろすことばかり考えていたけど、周りを味方につけたほうが安全だし、誰も傷つかないということがわかったんです。これがお笑いにも活かされるんですよ。共感力だと思うんですが。

中野　そうそう。共感ですね。気づいたら仲間にする笑いですね。

兼近　気づくのは大事ですね。自分は助けられていないと思っていた時期も、実はいろいろな人に助けられていたんです。孤立していると思っても、自分が生きている社会は誰かに助けられながら成り立っているという構造に気づくと、周りに目がいくようになります。

中野　前頭葉にＯＦＣ（眼窩前頭皮質）というところがあって（図9）、ここは俗に「共感脳」と呼ばれています。誰かを仲間だと認知する場所というかね。たとえば、小さな子どもが転んで泣いていたら、「ああ痛かったね」とか言って助けようとするのは、ここが働いているからだともいえます。

兼近　僕はＯＦＣ芸人ってことですね（笑）。『アメトーーク！』（テレビ朝日系列）でやりたいですね、「僕たちは、ＯＦＣ芸人です！」って。

中野　さすがに脳の話からしないといけないから、それで笑いはとりにくいかもよ（笑）。あとはね、笑顔そのものというのにも力があって、笑顔は相手のＯＦＣが活性化するスイッチを入れてくれるんです。笑顔の人はそうでない人よりも仲間だと思ってもらいやすいし、助けてもらいやすい。ただ、バランスは大事で、むやみに笑いすぎてもダメなんだけどね。

それから、もうひとつ大事なポイントがあるんだけど、「自分はこういう点で恵まれていない」という情報をきちんと発していくというのは相手のＯＦＣを動かすんだよね。相手は

図9　OFC

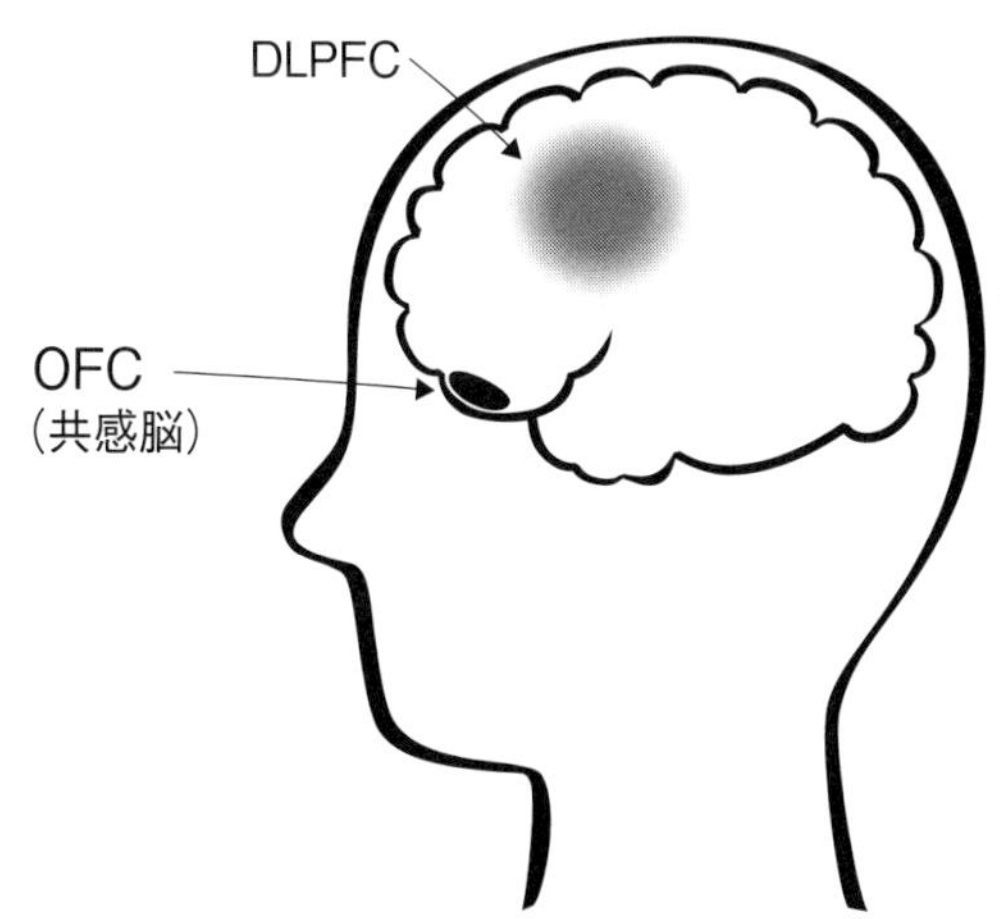

自分を助けたくなる。「誰かを助けてあげる」というのは、「自分が助けてもらう」よりずっと心地いいことなんです。

自分を助けさせることで、みんなを気持ちよくするっていうのは、結構な高等テクだけど、これは自然にやっているの？　戦略的にやっているの？　どちらにしてもすごいけど。

兼近　僕は確かにやっていますね。母親がそういう人なのかな。僕が小さい頃から、助けなければいけない状況になっていた。戦略的ではなかったと思いますが、母は自分はかわいそうだという被害者ムーブ系だったような気がします。父もそうですね。離婚して別々に暮らしていたので、両方から自分は被害者だという話を聞かされていました。子どもながらに、僕が親を傷つけたのかなと思ってしまうんですよ。なんか、ＯＦＣを発達させられた感があります。英才教育だったんだ（笑）。

中野　さんまさんも相手のＯＦＣのスイッチを入れるのがうまいですよ。自分の失敗をどんどん披露して笑いに変える。たとえば、誰もが離婚のエピソードを知っていますよね。

兼近　さんまさんはＯＦＣを動かす達人でもあるんですね。

どうしたらおもしろいんだろう

兼近　ずっとおもしろい人になりたいと思っているんですが、今困っているんです。あの人はおもしろい、この人もおもしろい、これはおもしろい、こっちもおもしろい。おもしろいがたくさんありすぎて。

中野　バリエーションがありすぎて、おもしろいの方向をひとつに定めにくいフェーズではありますよね。今は広場みたいなところにいて、多様な可能性そのものを享受している。でも、それを突き詰めていこうとして、いっぱい分岐している道のどれかひとつを選んでしまったら、道は必ず狭まってしまう。可能性と実績のトレードオフかな。誰もが通る道かもしれないですけどね。

兼近　だから、コメンテーターの仕事もやめられないんですよ。自分が持っている笑いのとり方を使えないので、本当は嫌なんですけど。

中野 『森のくまさん』ではなく、『町のくまさん』を歌ってもいいかもしれないという表現が通じない、的な……。

兼近 そうなんですよ。だからこのひと言はどうなんだろう、ここでは言ってはダメなんだ、でもこっちでは盛り上がるんだとか、正解のないトライが延々続くんです。……それが実は心地よかったりするのかな。

中野 実際そういうきわどいところをやるのって実はそんなに嫌いじゃないでしょう。頭の体操みたいで。兼近君はそういうのは意外と得意のようだし、好きでは?

兼近 ここが正解だというのを決めて走り出すより、ただ走り出す人のほうが先に行けると思うんです。「売れる」というのを目的にお笑いを始めると、そこに向かっての最短距離で笑いをとるようになりますが、どうしたらおもしろいんだろうということが知りたくて走っていると、ゴールがないからずっと走れるんです。

大谷翔平さんは野球が好きだから、そのための生き方をしていますよね。スターになるとか、おカネを稼ぐことが目的ではないというのがわかります。だからみんなが好きになるし、いつまでもいつまでも、おじいちゃんになっても野球に携わっているんだろうなと将来の姿を描くこともできる。

でも、お笑いというのはそれを描けないんです。わからないですから。だからテレビも出るし、コメンテーターも続けるし、漫才もコントも全部やりたい。それでお笑いにかかわるすべてをやめられないんです。

中野　二刀流どころか、五刀流、十刀流でもやってみたらいいんじゃないかな。有限の時間しかない人生なのだし……。

多くの人があまり深く考えずに「ゼロサム」を信じているのが不思議だなと思うことがあるんです。「ゼロサム」というのは、ベースラインがあって、AさんとBさんは同じぐらいの位置にいる。Aさんがちょっと売れた。するとAさんが上がっただけでBさんはベースラインにいるはずなのに、体感としてはAさんが上がった分、自分が下がった感じがするんです（図10－1）。

兼近　なるほど。プラスマイナスゼロだと考えてしまうんですね。だから自分はマイナスではないのにマイナスだと思う。プラスの人に対しておもしろくない気持ちになりますね。

中野　これね、誰かをやっかむ温床になるのよね。似たような立場と感じるほど、人にはそういう気持ちが生まれやすくなることがわかっているんです。自分にもあれくらいできたはずなのにとか、自分はまだ本気出してないだけとか。実際それは錯覚であることが多いし、実力も努力も、目的さえぜんぜん違うことがしばしばなのだけど。

図10-1　Bさんが信じるゼロサム

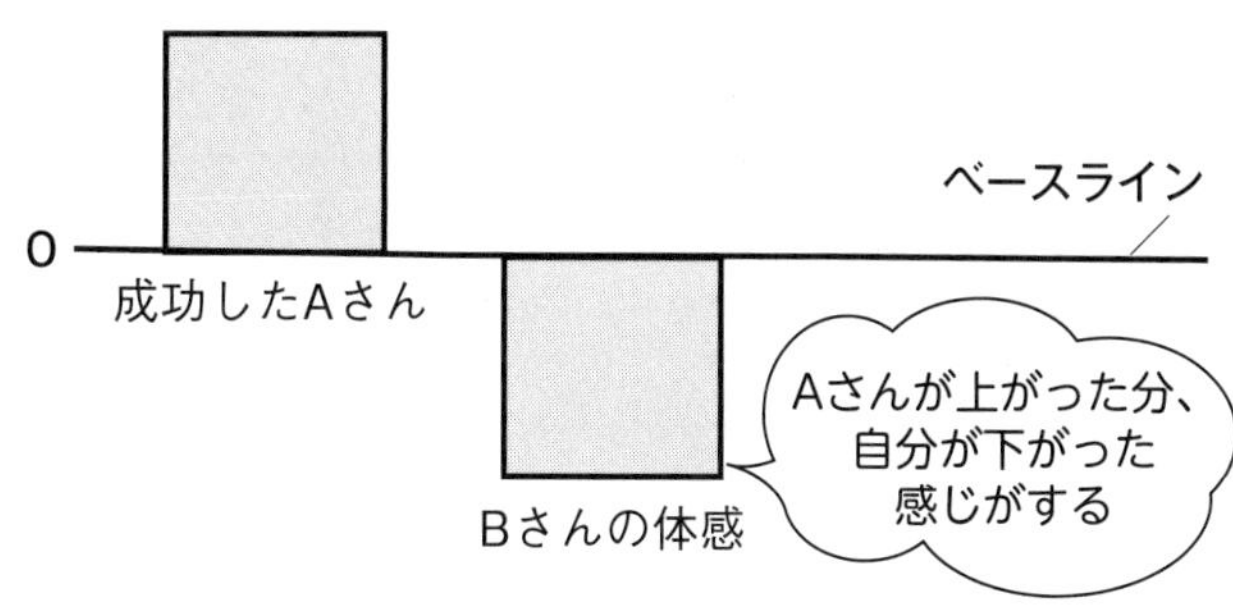

兼近　まったく違う立場の人なら、誰がプラスになっても気にならない。それどころか応援もできてしまいますね。

中野　そうだね。そもそも競合しない人についてはそれができるということもわかっています。そもそも違う立場であって、僕は僕のおもしろいを追求しているだけで、あなたの何ものをも脅かすものではありませんという構造をあらかじめつくってしまうのもセキュリティだと思います。

兼近　だからお金がなければ、嫌われないわけですよね。

中野　(笑)。いいこと言った。アメリカには寄付文化があるでしょう。あれは税金対策もあるけれど、稼いだお金を寄付することで、自分に向けられる攻撃を減らすことができるという実利的な意味もあるんですよ。

兼近　え、じゃあ僕も言ったほうがいいんですかね。隠しているんですよ、いろいろ寄付させていただいていることを。僕が寄付していることや訪ねたことを公表したいという施設もあるんですが、全部ダメだと断っているんです。寄付していることがバレると、「お前、そんなことで許されると思うなよ」とか、好感度を上げるためだろうとか、いやらしい誤解をされるのが嫌なんですよ。

中野　来てくれたことや、応援してくれていることそのものが励みになる人もいるから、言ったほうがいいと私は思いますが、でも誤解されるのはストレスになるというのもわかります。

ゼロサムではない社会に

兼近　好感度って、人に好きになってもらうことではなくて、どっちかというと人を好きになる感度かなと思います。

中野　おお、またいいこと言った。

兼近　人のことを嫌いな人って、愛されない。

中野　そうですね。

兼近　自分が人を嫌いで生きてきたんです。大人って大っ嫌いだ、親も大っ嫌いだと思いながら生きてきて、17～18歳の頃は人に恨みを持ちながら生きている人しか周りにいなかった。何か憎しみを抱えて、社会に対して反発する思いを持った人たちしかいなかったんです。僕もそうだったけど、何か違うなって思いました。それで居場所を少しずつ変えようとしたけれど、なかなかうまくいかなかった。だからバッンと全部なくして、東京でリスタートすることにしたんです。

中野 若くしてその気づきはすごいなあ。

兼近 そうですね。気づかせてくれる人がいたんですよね。でも、それがないまま生きている人たちが大勢いるはずなので、でもこの本を読める環境にはいないと思うから、読んでくれた人が、誰かに伝える役を担ってくれたらうれしいです。

中野 本以外の媒体でもいろいろ宣伝を考えていこう（笑）。人を好きになる戦略に変えていこうと決めた話は本当にいい話だと思うし、実際そのほうが得をするんだということも知ってほしいです。

兼近 僕は、みんながゼロサムを信じているなら、このプラスになった人の棒グラフの一辺を斜めにして、マイナスだと思っている人が上りやすくなるようにしたいです（186ページの図10－2）。

中野 それはおもしろいね。

図10-2　人々が信じるゼロサムを兼近はこうしたい

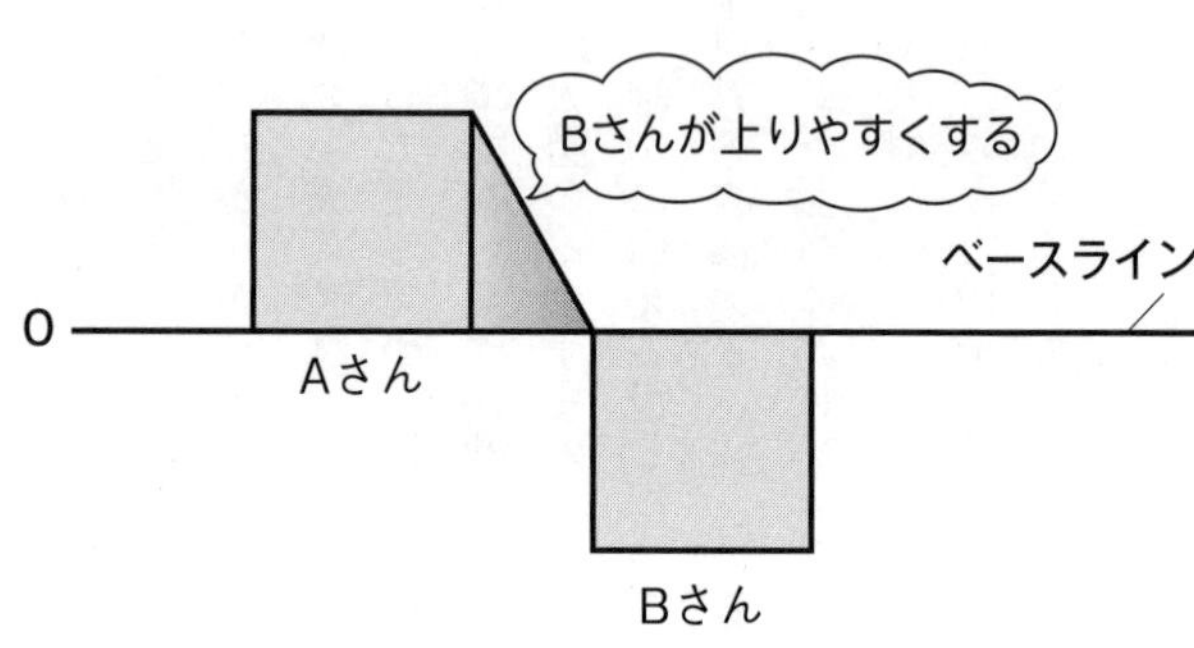

兼近　社会の構造は本当はこうでなければいけないと思うんですよ。自己責任じゃない、他己責任と思っていいよって。他己って変なこと言っていますけど（笑）。

中野　いわゆる「他責」ですね。

兼近　そうです、そうです。「あなたのせいでこうなりました」のほうではなくて「あなたのおかげでこうなりました」になっていくといいと思うんです。「他人のせい」も「他人のおかげ」も一緒なんですよ。優しくないから「他人のせい」だけが残ってしまう。

中野　ずっと損をしてきたと悲しんでいる人も、兼近君のエピソードがきっかけで、実は自分を大事に思ってくれていた人がいることに気づくかもしれないよ。ああ、どうせなら、今日からちょっと戦略を変えてみようかなっていうきっかけのひとつになるといいですね。

兼近君がいかに真面目に人生と向き合って歩んできたかというお話は、なかなか迫力があるし、あまり例のないものです。これからはおバカキャラ枠ではなく、カシコ枠に立ち位置を変えたら？

兼近　んなわけないでしょう（笑）。芸人というのはセオリーを勉強して、戦略的に練りに練ってお笑いで生きているという裏話をしてきましたが、この本で全部バラしてしまったのはマジシャンがネタバラシするようなもので、戦略としてはカシコでなかったような……。

終わりなき夜に生れつく　中野信子

どんな木も、その根が地獄にまで達しない限り、天国まで育つことはできない
と言われています

——C・G・ユング

人間が自然なネガティブさを持っていることを許さない、というような禍々しい明るさが苦手で、そういう人が目の前にやってくると、私はそれを見ていられなくなってしまう。殊更に自分を抑えて場を盛り上げようと自己犠牲的に振る舞う人には痛々しさ以外の何物も感じられず、いたたまれない気分になる。

そういう胡散臭い明るさとはできるだけ距離をおきたい。が、場を同じくしなくてはならないこともある。「面倒くさそうな女だ」と、（特に男性から）敬遠されることもある。面と

向かってそう言われたこともあるくらいだ。とはいえ、改める気はなく、こちらもそれくらいのことを面倒がるような知的体力のない人であればいずれにしても話は通じないので、遠くにいるほうが互いに幸せだろうと思う。が、基本的に自分が気難しい人間であることを自分でも重々承知はしており、自身のことではありながらその取り扱いに自ら難儀しているということも事実ではある。

「胡散臭い明るさ」に晒されるくらいなら、闇の中にいたほうがマシだ、という気分が常に支配的なのは、確かに面倒くさい性格かもしれない。だが、私だけがそうなのだろうか？程度の差こそあれ、多くの人が、胡散臭い明るさを敬遠する傾向を本質的には持っているのではないか？

お笑いというのは、明確な意図をもって他者を笑わせる行為であるから、もちろんその前提には作為があるはずである。けれども、この作為を、おかしみにまで昇華できるかどうかが、その芸人の〝腕〟といってもよいものかもしれない。作為が作為のままでは、見ている側がむしろ共感性羞恥によって、かえって苦痛を感じてしまう。

兼近大樹が興味深いのは、うわべだけの作為的な明るさなぞ、すべて帳消しになるような背景の暗さを持っているからではないか、と思わされることがしばしばある。この人の作為には理由があり、これに対しては、恵まれた、あるいは、一般的な育ちの人間は、生半な講評を加えることができない。その暗さに「普通」の人間は怖気づき、黙らされてしまう。

兼近は、とあるテレビ番組で「感情を表に出すと、自分の身が危なくなると思ってしまう。たとえば、怒りの感情を相手に向けたら、やり返されるかもしれない」とコメントしている。一方で、芸人のモードにスイッチが入れば、「番組に出ているときは喜怒哀楽の感情をどんどん出す」とも語っている。

これはいささか気になるコメントだ。なぜなら、未知の概念の理解や、利得の計算の速さと比べて、確かに感情の処理には時間がかかっているように見えるからだ。彼は、感情を出すのにも、少なくともパリティチェックくらいは通しているはずで、そのために一瞬、処理が遅れるように見える。気をつけていなければわからないレベルではあるが、自然かというとそうとも言えない。ただし、この遅れですら計算の賜物と捉えるならば、彼のいわゆる「地アタマのよさ」の凄みがわかってもらえるのではないかと思う。「普通」の人間が、中途半端なトレーニングで到達できるようなところには、彼はいないのだろう。

さて、同番組では、「(自分は) 感動や笑いの感情が人とズレてる」という悩みを持つゲストに対し、兼近が「僕も人の気持ちを理解したり、共感することができなかった。とりあえず、リアクションしなきゃと笑ってみたら、『笑うところじゃねーぞ』って怒られたこともある」と応じ、「芸人になってから共感できるようになった。その秘訣は、ネタを披露するお客さんによって笑いどころが違うので、会場ごとに考えながらネタをつくる。そうしていくと、自然と〝共感力〟が上がって、他人のことがわかるようになった。芸人になると変わりますよ」とまとめている。

注目に値する発言である。

私は本コラムの標題と同名のアガサ・クリスティの小説が好きで、作品そのものもだが、その由来となったウィリアム・ブレイクの詩の一節を、しばしば読み返すことがある。

Every Night & every Morn

Some to Misery are Born
Every Morn and every Night
Some are Born to sweet delight
Some are Born to sweet delight
Some are Born to Endless Night

訳してみるとこのようになる（クリスティを読んだ人は別の訳文ですでに知っているだろうが）。

毎夜、毎朝、誰かが悲惨さの中に生まれる。
毎朝、毎夜、誰かが甘い喜びの中に生まれる。
誰かは甘い喜びの中に生まれるが、
誰かは終わりなき夜に生まれつく。

終わりなき夜に生まれついた人間とは、どういう人間だろう。表面に粉砂糖を振りかけただけのような甘い言説を毛嫌いし、手に負えない暗さを生まれつき、作り付けの家具のようにして背負わされている、私のような者を指すのか。

それとも？

少なくとも、人類が知性を得てよりこのかた、ずっと抱え続けてきた終わりなき夜を、科学は終わらせてはいない。それどころか、ますますその闇を深くする方向へ誘導しているような節さえある。

私たちの生とは、突き詰めれば、地獄を生きる生である。そこから逃れようとする試みは人類史上成功したためしがない。

けれども、地獄を地獄と割り切り、なんとか朗らかに生き延びようとすることならば可能だ。この生を生き延びるために、私たちには笑いが必要なのだろう。時々は、そこが地獄であることを忘れ、笑って歩みを進めることができるように。

おわりに　兼近大樹

兼近大樹です。こんにちは。

今日は執筆活動のためにまるまる一日空けてもらったのに、夕べは積みっぱなしにしていた本を読んで夜更かししてしまい、昼過ぎに目を覚ますもご飯食べるのメンドくて、とりあえずアプリゲームを開き、飽きたら漫画を読んでをくり返し、気づけば22時になっていた。もう仕事か……と自己嫌悪になりつつも一日じゃなんもできねぇもんなぁ。むしろインプットの時間に使ったの偉いよなと慰めるように自負自賛。

それでも鬱念として自分が納得できる言い訳を考えてたら0時を回り、仕事まであと5時間だ。

やりたいことがなーんにも進まなかった。

早めにこの「おわりに」を仕上げて取り掛かろうとしていた片付けもできない、3日前から返そうとしていたLINEも開けない、しかし侮ることなかれ、途中エアコンが右肩にだけ当たっていて冷たくなってることに気づいて服を着ることはできたし、唾液を飲むと喉が痛くなるほどに渇くまで水分とるのを我慢して、体脂肪を減らすというお茶を飲み干した。

トイレはメンドいから2回までと決めていたが、それも達成したんだ。

如何せん時間だけが望まずに進み、新幹線のぞみのスピードで置いていかれてる。こんなんじゃ、あっという間に死んでしまうよ……なんて、平凡な思考で生きる兼近大樹の本を読んでいただき大感謝。この度は本当にありがとうございます（お礼を伝えるための前書き、というより能書きってかクソガキの戯言が長くてすみません）。

一緒にこの本を作った中野信子と兼近大樹は東大卒と中卒。

出会うはずのないふたりが織りなす科学と笑いのミルフィーユは如何でしたか？

中野先生とはバラエティ番組『ホンマでっか!?TV』で共演したのがハジメマだった。権威ある方なのにピンク髪のチャラ男にも差別なく対応してくださり、収録前の前室で放った「X JAPANのhideで『歌ってみた』を撮ってくれませんか？」がファーストコンタクトだったと記憶しています。ピンクに抵抗ないわけだ。

その後は、ウイグル料理屋さんにふらっと入り、客が見てる前で頭にゴッツい機械をつけて脳波の色の研究をさせられたり、「兼近君、高卒認定試験を受けよう！」と言い出し、ほとんどタダ働きで家庭教師としてユーチューブ『かねちーといっしょ』に出演し、兼近の勉強を小学校レベルの段階から見てくれたりしている。

きっと彼女からしたら僕はド派手なモルモット的存在なのだろう。

知識を脳にブチ込み過ぎなのか、天然なところもあるおもしろい人で、発するひと言ひと言が学びになり、同じ時間をすごすのがとても有意義だ。

そんな彼女がなぜ、僕と本を出すと決めたのだろうか……？　この本を読んでいるあなたたちと同じくハテナノンストップだけど、きっとｈｉｄｅと同じ髪色だからとかなんだよ。それ以外ないもんな。

どんな理由があろうとも出版するまでに至った、何より中野先生と出会えたのは少なくとも兼近が些細な、本当に微々たる、しがない、ちっぽけな、極小で一瞬かもしれないが「成功」をしたからだと思う。

持たざる者の成功の仕方のヒントをここに記します。あ、成功っていっても微的でゴミ箱にあるラムネのビー玉を見つけたみたいな、そんな成功ですが伝えさせてください。

僕は、お笑い芸人として芸能界に属していて、所謂特殊な世界に身を置いている。人を笑わせてお金をもらい、笑ってくれる人がいなければ生きていけない世界。他者に必要とされなければならない。

しかしこの本の制作過程でも再認識したが、僕はさほど特殊じゃない。だって全人類そうじゃね？　必要とされるために生きてね？　そして、大勢から必要とされるサービスや事象を起こせたことを成功と呼んでないか？

成功の定義は、人から求められるということ、お笑い芸人は大衆を笑わせることで求められてそれが成功になるってだけだ。

つまり笑いと成功は同一だとさせていただきます。させていただきます。2回言いました。大事なので。

近くにいる人を笑わせられたら求められるので成功につながる……ってわけ。どうかな？ついて来れてる？　ついて行ってあげていいって人は続きをどうぞ。

これは個人的な見解ですが、環境、勉強、運動、容姿など、何かに特化できなかった人間が、求められる＝笑い＝成功を手にするのに必要なのは、

平凡や普通を知ろうとすること
長いモノに巻かれつつ光ること
側（そば）にある優しさに気づくこと

の3つだと思っていて、笑いを起こすための要素でもあるので知っておくと生きやすいかなと。芸人の舞台での笑いとはまた違うのだが、一般社会や日常生活においての笑いとは寝ている成功を起こすスマホアラームのようなモノで、準備して鳴らせば鳴らすほど安心するし、起きられる確率が上がります。寝ていたい人からしたら不快かもしれないけど……。

まず、平凡や普通。マジョリティの認識を知っていればそこから容易にズラすことが可能で、そのズレが笑いに変わることが多い。

長いモノに巻かれるのも大事で、われわれ持たざる者は、太巻きの中の変わり種であらねばならぬ。単体でも美味い何かになれば、どこに行っても光ることができるが、その能力は自分にあるか？　冷静に判断して、ないのであればもともとある体制をうまく利用するのは大事。太巻きからあふれないようにみなと違う動きや思考で笑いを奪い、変わった味を出すべし。

側にある優しさ。

そもそも気づかない優しさで社会構造は成り立っている。

お会計のときに毎回財布を出さずに居なくなるような奴が納めた税金で病院に行けてたのかもしれないし、満員電車で席も譲らず人にぶつかっていたオッサンの会社が作ったシステムで荷物が届いているかもしれなくて、年金をパチンコでスリまくってる高齢者がむかし日本を支えていたから今の僕がいたりする、etc.……。

無数の優しさに気づくと、たくさんの優しくないにも気づけて、あらゆる角度のおもしろさにたどり着けると思う。僕もおもしろい人になりたいから見識をおっ広げようと努力しています。

この3つを持つだけで、退屈な人生は劇的な変貌を遂げます——字もろくに書けない男が、その持たざる者がこの本の「おわりに」を書くまでになったのだから、説得力あるでしょう。

偉そうに持論をダラダラと巻末に載せる兼近大樹という人間はいったい何者なのだろう。これから何を思い、何をして生きていくのだろう。と平凡な思考を無様に回していたら、あっという間に時が経ち、新宿のタワーマンション55階のカーテンの隙間から日が差し込んできて今日が来たとわかる。成功者だろう？　張りぼてのね。

さて、お時間なので仕事に行ってきます。あなたは本を閉じてこれから何をしますか？

I REALLY
LOVE

「おわりに」に代えて　中野信子

Le Nom de La Rose —— 笑いのない世界を考える

私たち人間の脳は苦痛よりも、快楽に弱くできています。

たとえば、私たちの代謝のメカニズムは、もちろん個体差はあるものの、多くの場合、飢餓状態に耐えられるようにカロリーをできるだけ使わず、溜め込む方向に寄せて仕組まれていることは、よく知られているだろうと思います。

これは俗に「節約遺伝子」と呼ばれる複数の遺伝子があることがその証拠のひとつとして挙げられます。この遺伝子はざっくり言うと、少ないカロリーでも活動できるように体を調整する役割を持っているものです。こういった遺伝子が存在することそのものが、私たちが食糧の乏しい環境で生き延びてきたことを示すものでもあります。

一方、栄養状態が豊かになったときに、それを調整するための機構は、驚くほど乏しく、ほぼ用意されていません。勝手に放っておけば痩せていく、ということは、病んでいる状態以外には、ほとんど期待できません。だからこそ、高額なダイエットのメソッドも流行りますし、ダイエットのための有象無象の言説はいつまでも廃れることがない。豊かすぎる環境に置かれたときには、私たちにはこの脆弱な意思以外には、何も抵抗するためのツールを持っていないのです。

もちろん、脳も同じです。

私たちの脳には、苦痛に耐えて生き延びるための仕組みがたくさん用意されています。笑いも、そのひとつでしょう。

そしてやはり、「快楽に耐える仕組み」は存在しないのです。快楽は、身体的、認知的と、異なるレイヤーにおいて、あればあるほどよいと脳が錯覚するように仕組まれてしまっています。

一度、快楽を得れば、その甘美さから自力で離れていくというのはかなり困難です。社会的に大きな障害になっている（自分の周りの人や、自分自身がそれによって健全な社会生活を送ることが難しくなる、という意味です）のでもなければ、やめたくてもやめられない。

大きな障害になっていたとしても、その行為を止めることが難しい人も大勢います。

この事実は、端的に、私たち人類の歴史が苦痛の連続であったことを示すものでもあります。私たちの体が、そもそも、生物史という壮大な実験の結果なのです。

快楽に溺れないような仕組みを念のためにつくっておこうなどとするよりもずっと、苦痛に耐える仕組みを複数、講じておくことのほうが、優先されてきたのです。苦痛を何とかしてやわらげ、それに耐え得る仕組みを発動させなければ、生き延びていくことも難しかった。

たとえば狩猟や戦闘などで、心身ともに大きく傷ついた場合には、勝手にベータエンドルフィンが分泌されて、痛みを緩和するという反応が惹き起こされます。ほかにもこういった仕組みがあります。

こうした、苦痛と快楽とがセットになったメカニズムが、脳に生まれつき備え付けになっているのです。

苦痛の多い場合には福音というべき仕組みですが、現代社会のように多くの人が快楽を追い求められる素地ができ上がってくると、今度は依存症を生み出す基盤ともなってしまうというのが、問題をややこしくしているところです。

注意しなくてはならないのは、依存症が本人の意志の力や心の弱さなどといった個人の資質に必ずしも起因するわけではないという点です。そもそも人間には快楽にあらがえる仕組みがなく、依存症は極めてベーシックな人間の（あるいは生物の）脳の機構を由来として発症するということを知っておく必要があります。

人間がかつて苦痛としてきたものは、人類の技術革新への不断の歩みによって克服されつつあります。もはやわれわれが持っていた苦痛を快楽に変える生物学的な機構が、われわれ自身のたゆまぬ努力によって〝時代遅れ〟のものとなってしまった。

例を挙げるならば、私たちは熱帯雨林に移植されてしまったサボテンのようなもので、水を溜め込むようにつくられているのに、あとからあとからこれでもかという快楽がやってきてしまうのです。

現代日本であれば、人を簡単に攻撃できてしまう快楽の中に溺れて、健康な喜びを忘れてしまった人が毎日毎日ネットで、くり返し、中毒させられたまま時間を浪費しているようにも見えます。人を攻撃すれば自分もまた同じ咎によって攻撃されかねない、その影に怯え、それを忘れるためにまた誰かイケニエを探して攻撃する。これはもはや、快楽の中毒患者です。

快楽を自ら制限しなければ、快楽に殺される。

人間はそんな時代を、自らつくり上げてしまったという皮肉な構図です。少しでも瑕疵があれば、寄って集って快楽を貪られてしまう。攻撃の的になります。

これはいくつかの研究でも明らかにされていますが、人は貧しいから攻撃するのではないのです。

快楽のために攻撃する。

炎上でも、差別でも、イジメでも、偏見でも、あらゆる社会的排除と関係づけられるものはこのために起こります。

人間は、この地獄を生き延びるために、まず手軽に手に入る目先の快楽――より弱いもの、傷つけてもよい誰かを目ざとく見つけて徹底的に攻撃する――を貪ろうとしました。

その結果は、多くの人が見てのとおりです。
私はこの様相を健全だとは思いませんし、多くの人もそうだろうと思います。
それなのに、変わらない。不思議かもしれませんが、そうなのです。

兼近さんがしばしば、くり返しその犠牲になっていることは、みなさんもご存じのとおりだろうと思います。

他人に石を投げている時点で、その人も誰かを傷つけているのですから、論理的にはそれも罪である時点で同じということになるのでは？　とシンプルに疑問に思うのですが、どうも匿名であればよいとか知名度がなければよいとか法ではグレーとかそういうことを持ち出して、自分だけは百パーセント潔白である、あるいは、平均よりも潔白（？）であると根拠なく確信を持っている人がそれなりの数いるようで、ちょっと笑ってしまいます（152ページのダニング・クルーガー効果の項参照）。

この快楽は実に強力であるとみえ、大多数の人は簡単にここから離れようとしません。匿名性の高い攻撃の快楽を手放すことができないというのはやっかいなことで、みなさんの周り、もしくはみなさん自身の中にもその片鱗を見かけることが、おそらくあるはずです。

脳機能から考えてこの地獄の構造を一撃で解決できるような抜本的な手段というのは現在のところありません。自分を律する、あるいは、ほかの、より健康な楽しみを見つける以外に方法がなく、その歩みはとても地味で、ゆっくりしたものになるでしょう。

Ｈａｐｐｙ Ｐｉｌｌｓの項でも書きましたが、あの表（45ページ）の裏側にある研究のひとつとして興味深いものをご紹介すると、平均所得の高い国であればあるほど全般性不安障害（＝人生に悪影響を及ぼすほど高度で、制御不能な心配がある）の割合が高いといいます。

所得がそれなりにあり、生活インフラが整っていて、自分の自由に使える時間がそこそこ持てるなら、人間は、簡単に快楽の地獄に溺れて、誰かを攻撃する快楽にすがって日々をやりすごし、その構造から滲み出してくる不安をまた、誰かを傷つける快楽で紛らわしてすごし、死ぬまで分断と衝突の再生産をくり返していくことになる。

われわれ人類は、快楽と幸福を、どこで履き違えたのでしょうか。

苦痛よりもはるかに取り扱いの厄介な、快楽という毒を制するには、より健全な快楽が必要なのかもしれない。分断を生まず、快楽と同時に、つながる幸せを与えてくれるような……。笑いはその可能性を持つ強力なツールのひとつとして希望が持てるものと期待されるのです。

さて、表題に挙げたウンベルト・エーコの『薔薇の名前』（河島英昭訳、東京創元社）という小説の中には、笑いを禁じられた世界のことがやや寓意的に描かれています。この作品は映画化もされていて、ショーン・コネリーが主人公のバスカヴィルのウィリアムを演じているので、鑑賞したことがある方もきっといるだろうと思います。

舞台は14世紀のヨーロッパ、北イタリアのベネディクト会修道院で次々と起こる怪死の真相を、たまたまそこを訪れていたフランシスコ会の修道士バスカヴィルのウィリアムと、弟子である見習い修道士メルクのアドソが追っていく、という内容で、一連の死には、とある「禁書」が絡んでいるということが物語の中では明かされていきます。

この「禁書」の内容が、笑いに関するものなのです。

作中ではこの禁書は、アリストテレスの著した喜劇ということになっていました。

ベネディクト会は厳しい戒律で知られ、修道士たちは「祈り、働け」をモットーとして、清貧、純潔、服従を目指す禁欲的な生活を送ることを求められます。『薔薇の名前』におけるベネディクト会修道院では、笑いは清らかな生活を侵す不道徳なものとして厳しく禁じられており、そのような場所にあって、笑いについての書物は、読むことはおろか、触れることさえも許されない禁忌、という様子が描かれていきます。

笑いを禁じられた世界の中で、その後も修道士たちは次々に謎の死を遂げていきます。物語の結末、この修道院はいったいどうなってしまうのでしょうか。未読だけれど興味があるという方は、ぜひこの物語をお読みになるか、映画をご覧になることを強くおすすめします。

語り手はメルクのアドソです。彼は、修道士としての禁忌を犯して、名前を知らない娘と床を共にします。薔薇の名前というタイトルは何を表しているのかについて、エーコはあえてはっきりと記してはいませんが、一説にはアドソにとってのこの娘との出来事のことではないかという見解が示されています。

また、言語化される前の表象、厳しい戒めに縛られない、人間の自然な喜びを表しているのだという考え方もあります。

言葉にならない、人間の自然な喜び。

それはさまざまなかたちで存在することでしょうが、笑いというのはそのうち、人間しかその喜びを知らない、最も大きなもののひとつではないだろうかと思うのです。

兼近さんと話していたときだったか、本にそう書いてあったのか、それともりんたろーさんがそう言っていたのだったか、やや曖昧になっているのですが、兼近さんには忘れられない人がいて、その人が「本のおもしろさ」を教えてくれたのだといいます。それで自分も本を書きたいと思った、という趣意のことを話していたように記憶しています。

いずれにしても、そういう人に出会うことができたというのは、幸せなことではないかと思います。滅多にそんなふうに思える人に出会えるものではないし、なんにせよ自分を価値あるものの創造へと向けてくれるきっかけを得ることができたというのは貴重なことです。

少なくともその人と兼近さんが出会っていなかったら、この本を読んでいるみなさんが今のような兼近さんの姿を見ることは一切なかったわけです。また会えたらどうなるとかそういった話を気になさる向きもファン心理としてはあるかもしれませんが、そんな次元は、とっくに超えてしまっているレベルでのことです。

その人の残した、ある種の創造のかけらのようなものだけが、自分の中に残って、いつまでも輝いている。

書き物をやろうと思ったきっかけとして、そういう出会いがあった。

もっと踏み込んで書いてよいのなら、自分の人生を変えようと思ったきっかけにもなった。

それが、兼近さんを笑いの世界へと導いていきます。もはや、誰かとの出会いというかたちでは必ずしもないかもしれない。何か、気づきを与えるきっかけになった、たくさんのものとの出会いがいくつも折り重なり、兼近さんの中で醸成されて、大きな芽吹きとして現れたのかもしれないと思います。

忘れられない人というのは、忘れたい人のことでもあります。

その人のことを意識に上らせることなく、フラットに生きていきたいのについ思い出してしまう、それが甘いほどその記憶に足を引っ張られることもある……さて、兼近さんの話に比べれば私の話なぞ……とは思いますが、ひとりでも読みたい方がいればと思って少しだけ書きます。

私にも忘れられない人がいました。私はその人からあらゆる教養の素地を、学ぶ喜びを、美しいものを味わう豊かさを、そして人生に笑いがあることを教えてもらいました。とても感謝していますし、宝のような思い出だと思っています。けれども、また再び会いたいかというと、もう会いたくないような気もします。実は、なんだか怖くてその人の名前を検索することもできない。自分でも笑ってしまうけれどそうなのです。

きっと私のこともどこかで見ているでしょう。そう思うけれど、そのことを想像するのもいたたまれなくて、別のことを考えて、その考えを消去してしまいたくなります。

でも私がいまこうしているのも、その人のおかげでもあるし……、恥ずかしくていたたまれなくなるような気持ちになるとき、もう疲れ果てて何もする気力がなくなったとき、はっきりと人の悪意に晒されて死にたくなるようなとき、あの人ならどうするかな、とも思うのです。きっと最後には笑って、笑いが持つ不思議な転換の機能を使いこなして、すべての苦しみを楽しみの種に変え、淡々と歩いていくんだろうな、と思うのです。

まだまだ書き足りないことがたくさんありますが、それはいつかまた本を書くときにでもとっておきましょう。

みなさんの人生にもたくさんの笑いと幸せがありますように。

2023年 10月

中野信子

1975年、東京都生まれ。脳科学者、医学博士、認知科学者。東京大学工学部応用化学科卒業。同大学院医学系研究科脳神経医学専攻博士課程修了。フランス国立研究所ニューロスピン(高磁場MRI研究センター)に勤務後、帰国。現在、東日本国際大学教授。著書に、『空気を読む脳』(講談社+α新書)、『ペルソナ　脳に潜む闇』(講談社現代新書)ほか多数。テレビ番組のコメンテーターとしても活動中。

兼近大樹

1991年、北海道生まれ。お笑いコンビ「EXIT」として活動し、テレビのレギュラー番組多数、全国で単独ライブを開催。また、音楽活動やファッションブランドのプロデュースも行っている。俳優として連続ドラマ・映画に出演。自伝的小説『むき出し』(文藝春秋)で作家デビュー。

講談社+α新書 823-3 C

笑いのある世界に生まれたということ

中野信子

兼近大樹

2023年10月18日第1刷発行

発行者——高橋明男

発行所——株式会社 講談社

東京都文京区音羽2-12-21 〒112-8001

電話 編集(03)5395-3522

販売(03)5395-4415

業務(03)5395-3615

KODANSHA

デザイン——鈴木成一デザイン室

カバー印刷——共同印刷株式会社

取材・構成——小峰敦子

本文図版——朝日メディアインターナショナル株式会社

本文写真——森清

Happy Pills © Paolo Woods / Arnaud Robert

印刷——株式会社新藤慶昌堂

製本——株式会社国宝社

ISBN978-4-06-532482-0

講談社＋α新書

全身美容外科医 道なき先にカネはある
高須克弥
「整形大国ニッポン」を逆張りといかがわしさで築き上げた男が成功哲学をすべて明かした！
968円 821-1 A

世界のスパイから喰いモノにされる日本 ＭＩ６、ＣＩＡの厳秘インテリジェンス
山田敏弘
世界１００人のスパイに取材した著者だから書ける日本を襲うサイバー嫌がらせの恐るべき脅威！
968円 822-1 C

空気を読む脳
中野信子
日本人の「空気」を読む力を脳科学から読み解く。職場や学校での生きづらさが「強み」になる
946円 823-1 C

生贄探し 暴走する脳
中野信子 ヤマザキマリ
「世間の目」が恐ろしいのはなぜか。知っておきたい日本人の脳の特性と多様性のある生き方
968円 823-2 C

笑いのある世界に生まれたということ
中野信子 兼近大樹
「笑いの力」で人生が変わった人気漫才師が脳科学者と、笑いとは何か、その秘密を語り尽くす
990円 823-3 C

ソフトバンク崩壊の恐怖と農中・ゆうちょに迫る金融危機
黒川敦彦
巨大投資会社となったソフトバンク、農家の預金等１０８兆を運用する農中が抱える爆弾とは
924円 824-1 C

ソフトバンク「巨額赤字の結末」とメガバンク危機
黒川敦彦
コロナ危機でますます膨張する金融資本。崩壊のＸデーはいつか。人気YouTuberが読み解く。
924円 824-2 C

次世代半導体素材ＧａＮの挑戦 22世紀の世界を先導する日本の科学技術
天野浩
ノーベル賞から6年——日本発、21世紀最大の産業が出現する!! 産学共同で目指す日本復活
968円 825-1 C

会計が驚くほどわかる魔法の10フレーズ
前田順一郎
この10フレーズを覚えるだけで会計がわかる！「超一流」がこっそり教える最短距離の勉強法
990円 826-1 C

ＥＳＧ思考 激変資本主義１９９０―２０２０、経営者も投資家もここまで変わった
夫馬賢治
世界のマネー３０００兆円はなぜ本気で温暖化対策に動き出したのか？ 話題のＥＳＧ入門
968円 827-1 C

超入門カーボンニュートラル
夫馬賢治
カーボンニュートラルから新たな資本主義が誕生する。第一人者による脱炭素社会の基礎知識
946円 827-2 C

表示価格はすべて税込価格（税10%）です。価格は変更することがあります